SIETE MITOS SOBRE EL DINERO

SIETE MITOS SOBRE EL DINERO

Y la verdad sobre la libertad financiera

Rob Dix

Traducción de María Candela Rey

EMPRESA ACTIVA

Argentina – Chile – Colombia – España
Estados Unidos – México – Perú – Uruguay

Título original: *Seven Myths about Money*
Editor original: Cornerstone Press, un sello de Penguin Random House UK
Traducción: María Candela Rey

1.ª edición: octubre 2025

López de Hoyos, 92, Planta Baja Derecha – 28002 Madrid
www.empresaactiva.com
www.edicionesurano.com

ISBN: 978-84-18308-24-6
E-ISBN: 979-13-87750-10-7
Despósito legal: M-17.333-2025

Fotocomposición: Urano World Spain, S.A.U.

Impreso por: Romanyà Valls, S.A. – Verdaguer, 1 – 08786 Capellades (Barcelona)

Impreso en España – *Printed in Spain*

Índice

Siete mitos sobre el dinero

INTRODUCCIÓN ¿Y si todo lo que te han contado sobre el dinero fuera falso?

INTRODUCCIÓN

Juego nuevo, reglas nuevas

Aunque no siempre te lo parezca, tienes la suerte de vivir en el mejor período de la historia de la humanidad.

Desde la evolución del primer ser humano moderno, hace unos 300.000 años, hasta hace un par de siglos, el mero hecho de sobrevivir era considerado un resultado sobresaliente. Si conseguías partirte el lomo trabajando desde la infancia hasta morir de viejo sin que una hambruna, una enfermedad endémica o una guerra te liquidaran antes de llegar a eso, podías considerarte una persona triunfadora. Si al morir todavía estaban vivos más de la mitad de tus hijos, entonces sí que habías tenido una vida afortunada.

Por suerte, en el presente nuestra existencia es mejor en casi cualquier sentido. Es menos probable que mueras de una enfermedad, ya que muchas de las que alguna vez implicaron una sentencia de muerte hoy son tratables; además, posees un aparato mágico que puede entretenerte de manera instantánea con todo el conocimiento acumulado del mundo y que te permite mantener relaciones con amistades en cualquier parte del planeta, y también puedes escuchar este libro con un altavoz inalámbrico que cabe en tu oreja o leerlo mientras te trasladas rápidamente y con (relativa) comodidad a lo largo de enormes distancias.

Sin embargo, hay un área en la que la vida no es mejor que antes para la persona promedio: el dinero.

Graduarse en el instituto en la década de 1970 implicaba poder entrar de inmediato en una carrera profesional sin tener un título universitario ni cargar con la deuda estudiantil que eso conlleva para muchos. En aquella época, una sola persona podía mantener con su salario a una familia promedio y, si ahorraba el sueldo de cuatro años, podía comprar una casa normal. Más adelante, todos sus activos, incluida la casa, iban aumentando de valor progresivamente. Y, por si eso no fuera suficiente, se podía jubilar con una pensión vinculada a su último salario, sin importar lo bien o mal que les hubiera ido a los mercados financieros. Con solo seguir a la manada desde el instituto al lugar de trabajo y copiar los hábitos en las finanzas de sus pares, era posible llevar una cómoda vida financiera.

Ya no es así. Ahora, si haces todas esas elecciones predeterminadas, quizás vayas a la universidad —impulsado no por un deseo profundo de aprender, sino porque es la única manera de acceder a la mayoría de los empleos— y salgas de allí con una deuda que seguirás pagando durante la mayor parte de tu vida laboral. Luego te darás cuenta de que necesitas dos salarios para mantener a tu familia y que no te puedes costear una casa hasta mucho después de cumplir los 30 años.

Para disfrutar de una jubilación cómoda necesitas ahorrar mucho para poder invertir (al tiempo que también ahorras para comprar esa costosa casa)... y cruzar los dedos. Si no puedes jubilarte, al menos no estarás solo: en el momento en el que estoy escribiendo esto, la cantidad de personas de más de 70 años que forman parte de la fuerza laboral del Reino Unido ha aumentado un 61 % a lo largo de los últimos diez años [1], y en Estados Unidos se espera que crezca un 96 % más en los próximos cinco [2]. En toda Europa, el porcentaje de trabajadores de 55 años en adelante aumentó del 12 al 20 % entre 2004 y 2019 [3].

Efectivamente, tu vida sigue siendo mejor que la de tus antepasados en muchos sentidos, pero el dinero afecta a todos los aspectos restantes. Así que si tu situación financiera está empeorando, seguro que vas a sufrir.

El año que lo cambió todo

¿Por qué son las cosas tan diferentes a como eran hace un siglo? El comienzo de nuestra respuesta se halla en uno de mis sitios de internet favoritos: wtfhappenedin1971.com.

WTF happened in 1971? ('¿Qué demonios pasó en 1971?') empezó como una broma de un par de cuentas anónimas de redes sociales que recopilaban gráficos y cuadros, los cuales mostraban un conjunto bastante generalizado de cambios financieros y sociales que comenzaban a aparecer a principios de la década de 1970. Sin embargo, la recopilación ha crecido hasta tal punto que ya no es gracioso... y resulta bastante perturbador.

Lo que nos muestra es que, hasta 1971, en la mayoría de los países ricos, el crecimiento de la productividad y la compensación de los trabajadores avanzaban a la par, lo cual sugiere que las personas se beneficiaban de las ganancias generadas por las nuevas tecnologías y las prácticas laborales más eficientes. A partir de ese momento, la productividad continuó creciendo, pero los salarios se estancaron: las ganancias se estaban yendo a otra parte.

También refleja que la desigualdad —medida como la diferencia entre el 5 % más rico y el 20 % inferior en la escala de riqueza— se había mantenido más o menos igual durante décadas. Hasta 1971, claro. A partir de ese momento, comenzó a abrirse una grieta abismal: los más ricos eran cada vez más ricos, y todos los demás se quedaban cada vez más atrás.

Puedes ver decenas de gráficos que muestran cómo en una alarmante variedad de aspectos —desde tasas de ahorro hasta cantidad de horas de trabajo necesarias para comprar una casa, e incluso tasas de divorcio y encarcelamiento— había una tendencia constante hasta 1971, momento en el cual cambió de rumbo de manera repentina (en general, para peor). Efectivamente, ¿qué demonios pasó?

Bueno, 1971 no fue un año elegido al azar. De hecho, fue el año en el que el sistema que había respaldado a la economía global desde el final de la Segunda Guerra Mundial —el patrón oro— llegó a su fin.

Como su nombre indica, bajo este sistema, el valor de las principales monedas del mundo estaba definido en relación al oro: los gobiernos extranjeros podían convertir un dólar estadounidense a una cantidad de oro fija y muchas otras monedas estaban vinculadas al dólar con un tipo de cambio fijo. ¿El resultado? Si no conseguía más metal brillante para cubrir la demanda de conversión de dólares a oro, la Reserva Federal (el banco central de Estados Unidos) veía limitada su capacidad de aumentar el suministro de su moneda en circulación.

Cuando el presidente Nixon acabó de manera repentina con este sistema, en la noche de un domingo de agosto, comenzó una nueva era financiera. Ahora las principales monedas del mundo no estaban atadas a nada y solo valían porque los gobiernos decían que valían. Esto les otorgó a los bancos centrales mayor flexibilidad para monitorizar la economía, porque, de pronto, podían influir mucho más en la cantidad de dinero que había en circulación, con todos los efectos que eso tenía en la inflación, las tasas de interés y la productividad.

Los economistas no están del todo de acuerdo (en realidad no están de acuerdo en casi nada) en cuánto de lo que ha sucedido desde entonces ha sido el resultado del uso imprudente de este poder por parte de los bancos centrales y en cuánto se debe simplemente a factores que no tienen nada que ver con eso, como el cambio demográfico, la globalización y el comportamiento de los inversores. Sin embargo, lo que es indiscutible es que, en los años que siguieron a esa fatídica noche de domingo, la economía global comenzó a moverse en una dirección muy diferente, experimentando primero una creciente inflación, luego un crecimiento más lento de la productividad y, más tarde, a largo plazo, una alarmante caída en las tasas de interés.

El promedio de las tasas de interés de Estados Unidos y el Reino Unido a largo plazo, desde que contamos con datos fiables, es de aproximadamente un 4 o 5 %. Después de que las tasas alcanzaran un máximo histórico durante los inflacionarios años setenta, empezaron a descender a lo largo de los ochenta y los noventa, hasta finalmente caer a menos del 2 % en Estados Unidos a principios de la década de los 2000. Desde luego, a medida que el dinero se abarataba, es lógico que hubiera más préstamos, que es lo que tanto los gobiernos como las corporaciones y los individuos eligieron hacer durante esas décadas. A nivel global, la relación entre la deuda y el PIB prácticamente se ha duplicado entre 1971 y 2007[4], pasando de poco más del 100% a un 195%.

Tras la crisis financiera de 2007-2008, esta tendencia prolongada se potenció. El colapso bancario que comenzó con créditos de alto riesgo (*subprime*) en Estados Unidos provocó la pérdida de confianza en todo el sector financiero e hizo caer instituciones que existían hacía cientos de años y que se consideraban «demasiado grandes como para fallar». Durante el período de pánico que siguió, los bancos centrales aprovecharon al máximo sus facultades y actuaron con rapidez para brindarle soporte vital a la economía: redujeron el coste de los préstamos todavía más para estimular al máximo posible la actividad económica e inundaron el sistema con cantidades nunca antes vistas de dinero recién impreso. Las tasas de interés fueron reducidas a un mínimo que hasta ese momento había sido impensable: en Estados Unidos y el Reino Unido, estas se fijaron en un valor apenas por encima de cero, mientras que en la zona llegaron a cifras negativas. Y cuanto más barata era la deuda, más se pedía prestado. En Estados Unidos, la deuda pública (que ya para el 2007 se había duplicado hasta alcanzar el 62% del PIB) alcanzó el 97% tan solo unos años después de la crisis, en 2012[5].

Está claro que, en los cuarenta años que siguieron al final del patrón oro, que marcó el inicio de una nueva era financiera, el mundo se ha vuelto adicto a las deudas baratas. Cada vez que hay una crisis, parte de la solución consiste en generar todavía más deuda que sea todavía más barata; y entre crisis y crisis, las cosas pocas veces se mueven en la dirección contraria. Incluso al principio de 2020, doce años después del colapso de 2007-2008, las tasas de interés apenas habían subido por encima de sus mínimos históricos. Mientras tanto, la combinación de la deuda global de los gobiernos, las empresas y los individuos excede el 250% del PIB y llega a un total de 226 billones de dólares[6].

Muchas personas han salido beneficiadas de esta era de deudas cada vez mayores y más baratas. Pero no todo el mundo: los ganadores fueron quienes contaban con activos. Las acciones, los bonos y los bienes inmuebles se han beneficiado de la caída de las tasas de interés porque pedir préstamos es más barato, lo que conduce a un aumento en la demanda de activos, y esto a que su precio se eleve. (De hecho, ganaron por partida doble: también pudieron pedir prestado dinero barato para conseguir más activos). Los perdedores fueron, bueno, todos los demás, lo que explica en parte qué demonios causó la brecha de desigualdad.

Al menos para cuando la era del «dinero gratis» cobró impulso en los años posteriores a 2007, ya era evidente cómo jugar el juego. Debías comprar la casa más grande que pudieras tan pronto como pudieras, porque las deudas eran tan baratas que sería una tontería no hacerlo. Debías invertir en el mercado de acciones y bonos porque ambos tendían hacia una única dirección, lo que significaba que, sin mucho esfuerzo ni riesgo, un inversor pasivo podía disfrutar de rendimientos anuales de dos dígitos. Y, con lo baja que estaba la inflación, no era necesario preocuparse de lo que se descontaría de tus ganancias para hacer todo esto.

Siempre y cuando las condiciones siguieran siendo las mismas, las reglas del juego también serían iguales. Desde luego, si las tasas de interés cambiaban de rumbo, entonces habría que enfrentar las consecuencias. Pero esos días se habían acabado para siempre, ¿verdad?

El final del viejo orden

Pues no. Quizás esta vez no haya habido un anuncio presidencial televisado, pero ha comenzado una nueva era. El mundo financiero en el que hemos vivido la mayor parte de nuestra vida ha cambiado para siempre, y este libro es tu guía para abrirte camino por él.

A partir de los primeros años de la década de 2020, las fuerzas que habían definido la economía mundial durante medio siglo —y que habían subido varias marchas tras la crisis financiera— se frenaron en seco y empezaron a ir marcha atrás con una velocidad que tomó a todos por sorpresa. La inflación, que se creía un problema del pasado, volvió para vengarse. Y de pronto, para combatirla, las tasas de interés rebotaron de casi cero hasta un valor cercano al promedio a largo plazo. Como aprenderemos en los siguientes capítulos, si bien es posible que las presiones inflacionarias más intensas de los primeros años de esta década ya hayan pasado, es difícil imaginar que las tasas de interés vayan a volver a bajar a los mínimos históricos que han definido al mundo de estas últimas décadas, o que la inflación vaya a controlarse por completo de una vez por todas.

El período del dinero fácil se ha terminado, y la resaca que estamos viviendo en este momento puede llegar a ser particularmente dolorosa.

Para empezar, la suposición que teníamos incorporada de que los activos solo aumentan su valor se ha hecho añicos: las fuerzas que empujaban los precios de todos los activos hacia arriba han amainado y nos han dejado un camino mucho más complicado. Por otro lado, la inflación sigue creciendo y amenazando nuestros estándares de vida.

Además de eso, los gobiernos nunca han sido menos capaces de ayudar, y quizás incluso se acerquen a mendigarte ayuda. Después de todo, hoy en día los gobiernos se encuentran en la misma posición que aquellos propietarios que usaron dinero barato para comprar una casa que de otro modo no habrían podido costear: en algún momento, esa deuda de billones de dólares tendrá que ser refinanciada con una tasa más alta, lo que significa que cada vez hará falta una porción mayor de los ingresos fiscales para cumplir con los pagos de la deuda. De pronto, pedir prestado más dinero para cubrir los compromisos cotidianos —como lo ha hecho el Gobierno de Estados Unidos desde 1971, excepto en cuatro años, y como lo ha hecho el Gobierno del Reino Unido en ese período, excepto en cinco años— ya no es tan atractivo. La única forma de salir de esta situación es con recortes, aumentos de impuestos e inflación.

Así que no hace falta una bola de cristal ni un título en Economía para que una persona promedio —que ya se ha estado quedando atrás durante los últimos cincuenta años o más— se dé cuenta de que es probable que la vida se vuelva significativamente peor.

Pero hay una salida. Lo que yo creo, y lo que defenderé a lo largo de este libro, es que es posible prosperar en esta nueva era económica.

Lo único que hace falta es olvidar gran parte de lo que has oído… y estar preparado para echar por tierra algunos mitos.

La palabra «mito» tiene varios significados. Puede hacer referencia a una historia que ha sido transmitida a lo largo de eras; puede significar una idea que muchos creen, pero que es falsa; o bien puede ser una tergiversación intencional de la verdad o una versión idealizada de esta. Hoy en día, la mayor parte de lo que escuchas sobre el dinero, aunque en algún momento sí fue cierto, ha adquirido al menos una de estas cualidades. La sabiduría financiera de la vieja escuela, que en gran parte ya estaba muy desactualizada a comienzos del siglo XXI, ahora se basa tanto en mitos como en hechos.

Por ejemplo, es un mito que los ahorros siempre te sacarán del apuro en tiempos difíciles (¿qué ocurre si la inflación es mayor al interés que te paga el banco?); otro mito es que lo único que necesitas para ser feliz durante la jubilación son los «intereses compuestos» (¿qué ocurre cuando la tasa de interés compuesta es menos de lo que los viejos modelos habrían predicho?), y también es un mito que jamás deberías intentar ganarle al mercado (¿y si es un momento tan difícil que esta es la única manera de salir adelante?).

En este libro, abarcaré de forma directa las siete ideas erróneas, verdades a medias y mentiras totales más grandes y dañinas sobre el dinero. Y al desmentirlas, esbozaré una ruta alternativa para alcanzar la independencia financiera… una que te ayude a prosperar en la nueva realidad del sistema financiero actual.

No quiero que se me malinterprete: no soy un «prodigio» de las finanzas ni ninguna clase de gurú. Solo he llegado a descubrir este nuevo camino después de probar todos los viejos consejos, conservar aquellas escasas partes que me funcionaron y rellenar los huecos con experimentos inspirados por algunas fuentes, sin duda, poco convencionales. Por cada una de mis acciones peculiares con el dinero que sí funcionaron —como enviar billetes por correo a un desconocido para comprar bitcoines cuando los únicos que sabían que eso existía eran «los raros» de internet, o negarme a comprar la casa en la que vivo, a pesar de ser el presentador de *The Property Podcast* ('El pódcast inmobiliario')—, hubo dos que no lo hicieron. (Resulta que comprar de manera automática acciones baratas de una empresa porque todo el mundo creía que estaba a punto de entrar en bancarrota no fue una buena idea: a veces, la mayoría tiene razón).

Pero a lo largo de los últimos quince años, he estudiado los mundos de la economía y las finanzas personales en profundidad, cuestionándolo todo y aprendiendo cuáles de las ideas que tenemos sobre el dinero son ciertas y cuáles no son más que rumores. Con el paso del tiempo, esto se ha convertido en un manual alternativo que me ha funcionado a mí, y que luego he visto que le ha funcionado a un gran número de personas. Si a ellas les sirvió, y a mí me sirvió, quizás también te sirva a ti.

Reglas para el dinero en el mundo real

Darle la espalda a la sabiduría convencional puede dar un poco de miedo, sobre todo cuando muchas de las ideas erróneas que exploraremos en este libro las has seguido toda la vida. Pero si abandonar los mitos del pasado no es algo que salga de forma natural, no te preocupes: no te pediré que hagas nada extremo.

De hecho, esa es la primera de las «líneas rojas» que implementé al diseñar este método para mí mismo, y que, a mi parecer, son la base de una sana aproximación a las finanzas personales. Estos principios orientadores son claramente necesarios, porque incluso cuando el mundo del dinero era más simple y algunos de los mitos actuales todavía podían considerarse buenos consejos, aun así a la mayoría de las personas les costaba avanzar financieramente. El problema no era la falta de conocimiento, sino que gran parte de lo que se les estaba pidiendo iba en contra de la naturaleza humana. Te daban un plan que habría funcionado a la perfección siempre y cuando pudieras reprimir todos tus impulsos durante décadas.

A mi parecer, un método solo tiene valor si lo que predica es algo que las personas puedan seguir… e, idealmente, que les entusiasme seguir. Así es como llegué a fijar estas cuatro reglas que para mí son básicas.

Línea roja 1: No hace falta un cambio de vida radical

Desde luego, la mayoría de los que están en la lista de las personas más ricas del *Sunday Times* llegaron allí tras hacer enormes apuestas empresariales (si es que no tuvieron la previsión de haber nacido en una familia adinerada). Muchos de mis amigos encontraron su camino a la riqueza mudándose al otro extremo del mundo en busca de nuevas oportunidades y un coste de vida más bajo.

Si tu cerebro está programado para correr riesgos y seguir tu propio camino, fantástico, pero eso no es algo realista para la mayoría, ni tampoco es necesario. De hecho, seguir mi método hará que tu vida financiera resulte más simple y menos arriesgada de lo que te parece ahora.

Línea roja 2: No hace falta que pasen décadas para que funcione

Si mi doctora me dijera que tiene un plan infalible para curarme, pero que tardará cuarenta años en funcionar, saldría a buscar a otra profesional.

Los libros sobre finanzas personales están repletos de consejos magníficos de lo que puedes hacer cuando tienes veinte años para asegurar tu futura jubilación. Pero ¿qué hay de nosotros, para quienes ya es demasiado tarde? ¿O para quienes tienen la ventaja de la juventud, pero no están dispuestos a esperar tanto tiempo?

Seguir mi receta alternativa no hará que te lluevan las riquezas de inmediato, eso no sería realista. Pero empezarás a notar una diferencia dentro del año, estarás en una trayectoria financiera completamente diferente después de dos o cinco años y habrás transformado tu vida por completo dentro de una década.

Línea roja 3: No hace falta retrasar la gratificación de manera indefinida

Existe una subcultura de personas que se hacen llamar «prolongadores de vida» (*life extensionists*) y que se abstienen de consumir alcohol, alimentos procesados y azúcar porque creen que eso aumentará sus expectativas de vida, quizás incluso hasta que los avances médicos hallen un tratamiento definitivo contra el envejecimiento. La broma que se hace sobre este grupo de personas es que quizás no consigan la vida eterna, pero no hay duda de que la sentirán eterna.

Lo mismo sirve para el dinero: no creo que debamos privarnos de él hoy por completo en aras de un futuro distante (que, sin ánimo de ser macabro, nadie nos garantiza que vayamos a llegar a ver). Sí, tu yo futuro es importante y debes cuidar de él, pero también tu yo presente merece algo de cariño, así que mi método se concentra en proveer para el futuro, y al mismo tiempo mejorar tu vida actual.

Línea roja 4: No depende de nadie más

Si tu plan financiero depende de que el mercado de valores se comporte de cierta manera, de que tu jefe quiera ascenderte o de que el gobierno adopte una política en particular, entonces no tienes un plan: lo que tienes es una lista de deseos.

Incluso es muy arriesgado basar tu plan en la suposición de que el mundo continuará siendo igual que en el pasado. Si hay algo que nos enseña la historia de la economía es que las circunstancias tienden a cambiar de manera repentina y radical en el momento preciso en el que todo el mundo ha olvidado cómo imaginar una alternativa. Es por eso que el éxito de este método se basa solo en tus acciones; y en caso de que el mundo cambie, te dará la seguridad y la flexibilidad mental para adaptarte a lo que haga falta.

Después de desmentir los siete mitos uno por uno, compartiré un plan de ocho pasos basado en esta nueva realidad y te recomendaré algunos recursos adicionales que he compilado para asegurar que puedas poner tu plan en marcha. Al final de todo, tendrás un mapa actualizado para navegar por este mundo nuevo: uno que te conducirá a ese éxito que con el método tradicional se te escaparía de las manos.

Y si vamos a convertirnos en rompedores de mitos, bien podríamos empezar por derribar el que está más arraigado en nuestra mente.

1

MITO El primer paso del camino hacia la riqueza es tener un saldo saneado en tu cuenta de ahorros.

REALIDAD Hoy en día, ahorrar dinero a menudo significa perderlo. El verdadero camino hacia la riqueza supone establecer buenos hábitos y luego concentrarse en otras cosas.

1

El mito de los ahorros

Si no fuera por las referencias a los protocolos correctos para escribir un telegrama y la ausencia absoluta de mujeres, nadie te culparía por confundir los libros de autoayuda de los años veinte del siglo pasado con los de la actualidad. De hecho, es asombroso lo poco que han cambiado en más de un siglo los consejos que ofrecen: fija metas, sé positivo, mejora tus habilidades sociales, cuida tu salud.

Quizás esto no debería sorprendernos: puede que nuestra ropa y normas sociales hayan cambiado, pero en lo físico y lo mental no somos tan diferentes a nuestros tatarabuelos. Adoptar el régimen de ejercicios de Charles Atlas te dejará igual de musculoso que hacer *crossfit*, y llamar a la otra persona por su nombre —como indica el clásico *Cómo ganar amigos e influir sobre las personas* de Dale Carnegie, publicado en 1936— resultará tan encantador por WhatsApp como cuando las personas lo hacían entregando una tarjeta de presentación.

Pero en el mundo del dinero y las finanzas, la historia es muy diferente. En los años veinte, comenzaba su existencia la Reserva Federal, la tasa de los impuestos personales en Estados Unidos llegaba a ser tan baja como el 4% para un asalariado promedio, y la mayoría de las personas trabajaban hasta unos cinco o diez años antes de morir. Como resultado de estos y un sinfín de otros factores, los consejos sobre las finanzas personales de hace un siglo fueron pensados con un mundo completamente diferente en mente.

El problema es que las ideas que nos animaron a aplicar, en la actualidad han cambiado asombrosamente poco. Tomemos el caso de los ahorros. El clásico *El hombre más rico de Babilonia*, escrito por

George S. Clason y publicado por primera vez en 1926, decía: «Por cada diez monedas que guardes en tu bolsa, saca solo nueve para gastar. Tu bolsa comenzará a abultarse enseguida, y te gustará sentir en tus manos su peso cada vez mayor, lo que traerá una enorme satisfacción a tu alma»..., que es una manera increíblemente rebuscada de decir «ahorra un 10 %». Si bien esta idea tuvo su origen mucho antes, pasó a ser dominante a partir de los años ochenta. Cuando empezó el nuevo milenio, estaba por doquier. El superventas de 2003, *El millonario automático* de David Bach, reforzó esta meta del 10 %, aunque más tarde en ese mismo año, Dave Ramsey lo aumentó al 15 % en *La transformación total de su dinero.*

Estos libros jamás dijeron que ahorrar sería suficiente... pero transmitían la fuerte impresión de que ahorrar una cantidad razonable y hacer inversiones simples y sensatas harían que el lector promedio lograra la comodidad financiera. Quizás hace un par de décadas hayan tenido razón. Pero hoy en día, lo más probable es que seguir este consejo te deje insatisfecho. De hecho, ha habido pocos momentos peores que este para ser un ahorrador.

Ahorrar dinero significa perder dinero

Algo que ha sido casi constante a lo largo del último siglo es la existencia de la inflación. Todos los años, los precios aumentan y el valor del dinero se encoge. Sin embargo, durante la mayor parte de ese tiempo, esto no suponía un gran problema.

Esto es así porque, en Estados Unidos y en la mayoría de las otras economías occidentales, desde la época de posguerra hasta 2008 (con la excepción de un par de interludios en los setenta), la tasa de interés que podías esperar recibir de tus ahorros era más alta que la tasa de inflación[7]. El resultado: tu dinero servía para comprar un poco menos cada año, pero tu cuenta bancaria recibía dinero adicional que compensaba con creces esa diferencia.

Sin embargo, en un intento por reactivar la economía global tras el colapso financiero de 2007, las tasas de interés bajaron a casi cero:

eso fue lo que optaron por hacer los bancos centrales para alentar a las personas y los negocios a gastar e invertir en el momento, en lugar de ahorrar para el futuro. Esto significó que incluso la inflación más diminuta terminaba siendo más alta que la tasa de interés. Como resultado, el dinero que estaba en el banco comenzó a perder valor. De pronto, los ahorradores eran castigados, y así continuarían durante los próximos quince años.

Al menos todo el mundo podía ver que eso era lo que estaba sucediendo: cuando el banco te ofrece un 0 % de interés, pero tu compra semanal es cada vez más costosa, lo notas. Sin embargo, en 2022 ocurrió algo insidioso. En primer lugar, la inflación aumentó. El caos causado por el COVID-19 condujo a enormes perturbaciones en el mercado y a una ola de impresión de dinero por parte de los bancos centrales, que estaban desesperados por estimular la economía. Cuando se levantó el confinamiento, el aumento de la demanda en un mundo inundado de efectivo hizo que los precios se dispararan. En el Reino Unido y la zona, la inflación alcanzó los dos dígitos[8], y en Estados Unidos llegó a un máximo del 9,1 %[9].

En respuesta a esto, los bancos centrales finalmente alzaron las tasas de interés, que estaban por los suelos. Las tasas de interés más altas hacen que sea más costoso pedir préstamos. Según la teoría, esto debería evitar que los consumidores gastasen tanto porque la hipoteca y otras deudas absorberían una parte mayor de sus ingresos. De esta manera, se debería recuperar el equilibrio entre la oferta y la demanda, y evitar que los precios sigan aumentando todavía más.

En un patrón compartido por la mayoría de las economías principales, las tasas de interés pasaron de ser casi inexistentes a más del 5 % en poco más de un año. Esto habría sido considerado rápido en cualquier contexto histórico, pero después de más de una década en la que las tasas se mantuvieron casi quietas, se convirtió en un tratamiento de choque de dimensiones inauditas en los últimos cincuenta años.

A primera vista, esto pareció ser una buena noticia para los ahorradores: se habían acostumbrado a no ganar nada en el banco, y quizás de pronto iban a empezar a recibir un interés del 5 %. Pero había una trampa: si bien las tasas de interés habían aumentado, la mayor parte del tiempo seguían siendo inferiores a la tasa de inflación. Si habías empezado el 2022 con cien libras y lo terminabas con ciento cinco, habrías sentido, por primera vez en prácticamente una generación, que estabas sacando ventaja. Aunque si tomabas ese dinero y lo gastabas, te dabas cuenta de que te servía para comprar menos que las cien libras originales.

La tasa de interés menos la tasa de inflación es lo que se conoce como la tasa de interés «real», la cual fue negativa durante todo el período entre 2008 y 2022: en otras palabras, dejar dinero en el banco haría que este disminuyera cada vez más. Desde que las tasas de interés empezaron a subir en 2022, ha habido períodos en los que la tasa real ha sido positiva (es decir, que los ahorradores se vieron favorecidos). Y hay algunos economistas que creen que ese es el mundo al que estamos regresando.

Pero yo no estoy tan seguro. De hecho, sostendría que está prácticamente garantizado que los ahorradores seguirán siendo castigados en el futuro por toda una serie de razones.

Para empezar, es la única forma que tienen los gobiernos de controlar sus deudas. Desde la creación de la Reserva Federal en 1923 hasta el presente en el que estoy escribiendo este libro, los sucesivos gobiernos estadounidenses han acumulado una deuda total de 33 billones de dólares. Eso parece un número alarmantemente grande. Pero lo más aterrador es esto: 20 billones de esa deuda, casi dos tercios, ha sido acumulada solo en los últimos quince años[10]. Esto no era un problema demasiado importante cuando las tasas de interés globales estaban a la baja. En 2001, Estados Unidos estaban pagando una tasa de interés promedio del 6,5 % sobre su deuda; para el 2020, este número había caído a un 2,4 %[11]. Así como una tasa de interés más baja en tu hipoteca te permitiría comprar una casa más grande por el mismo coste mensual, Estados Unidos (y la mayoría de las otras economías avanzadas del mundo) podían pedir prestado más dinero sin tener que usar una parte mayor de sus ingresos fiscales para realizar los pagos. Así que aumentaron los gastos y dejaron que los billones se acumularan. Entre 2004 y 2024, la deuda del Gobierno estadounidense se multiplicó casi por cinco… sin embargo, el crecimiento económico apenas se duplicó. La deuda pasó de ser equivalente al 55 % del PIB a ser equivalente al 123 %[12].

Eso no es una situación ideal: el Gobierno había pedido cantidades enormes de dinero, pero no había hecho que la economía creciera en la misma medida, lo cual habría sido manejable siempre y cuando el coste de esa deuda se mantuviera bajo. Sin embargo, a partir de 2022, eso dejó de ser así: que haya tasas de interés más altas significa que los costes de los préstamos serán más elevados para todos, incluso para los Gobiernos.

La era del «dinero gratis» se extendió tanto tiempo que se convirtió en la norma, y los gobiernos terminaron por depender de la deuda barata. Tan solo entre 2022 y 2023, la deuda del Gobierno de Estados Unidos aumentó medio billón de dólares[13], y no fue para ningún gasto extraordinario en algo bonito, sino simplemente para mantener las luces encendidas. Junto con otras economías, como la del Reino Unido y las de la zona, ha estado haciendo gastos de una magnitud que no le ha dejado más alternativa que seguir pidiendo prestado más y más todos los años, incluso cuando el coste de los intereses de esa deuda aumentaba.

Esto, desde luego, es un círculo vicioso: cuanto más altos son los pagos de las deudas, más dinero deben pedir prestado, simplemente para cubrir el interés de la deuda. Lo cual los deja con menos dinero para financiar sus otros compromisos, así que necesitan pedir prestado todavía más para pagar por ellos. Lo que da lugar a pagos de deuda más altos… y así sucesivamente.

Entonces, ¿qué pueden hacer los gobiernos al respecto? En definitiva, no mucho: es casi imposible imaginar una situación en la que estos puedan aumentar los impuestos o recortar los gastos lo suficiente para llegar a tener un superávit con el que liquidar las deudas. Da miedo pensar que los servicios públicos de los que dependemos solo son posibles gracias a que el Gobierno pide prestado cada año más, y que una proporción sustanciosa de nuestros impuestos están destinados a pagar el interés de un préstamo que ya ha sido pedido y gastado, pero esa es la realidad. De hecho, mientras escribo esto, treinta y nueve centavos de cada dólar que se paga como impuesto sobre la renta en Estados Unidos se usan íntegramente para pagar los intereses de la deuda[14].

Lo único que pueden hacer los gobiernos es intentar controlar la situación manteniendo el coste de los préstamos lo más bajo posible. El factor más importante a la hora de determinar eso es la tasa de interés de referencia, que es fijada por el banco central y tiene un fuerte impacto en el coste de todos los préstamos. En el Reino Unido, esta recibe el nombre de «*base rate*» ('tasa base') o «*bank rate*» ('tasa bancaria'), mientras que en Estados Unidos se la conoce como «*Fed Funds Rate*» ('tasa de fondos federales'). Desde luego, todos los bancos centrales principales son técnicamente independientes del Gobierno y todo el mundo jura y perjura que no hay interferencia política. Sin embargo, definitivamente la hay. Si bien las tasas de interés serán casi con seguridad más altas en las próximas décadas en comparación con los valores anormalmente bajos de 2010, es poco probable que se les vaya a permitir asentarse en valores mucho más altos de lo que se consideraba «normal» en el siglo XX.

Al mismo tiempo, es probable que, en las próximas décadas, la inflación se convierta en un problema mucho mayor de lo que estamos acostumbrados. Hay un sinfín de motivos para ello. En primer lugar, tenemos el hecho de que la mera existencia de la inflación en los últimos años es, en sí misma, inflacionaria: los economistas se preocupan por una posible «espiral de la inflación», en la que las personas ven el aumento de sus costes de vida y exigen que se les pague más, lo que a su vez alimenta todavía más la inflación. En 2022, el gobernador del Banco de Inglaterra sugirió que los trabajadores deberían mostrar cierto «control» a la hora de pedir aumentos por este mismo motivo[15]. En términos económicos, tenía toda la razón, aunque en vista de que su salario es dieciocho veces superior al del británico promedio, no fue un comentario muy bien recibido.

Luego tenemos la cuestión de la creciente fragilidad de las cadenas de suministro globales. Los confinamientos a causa del COVID fueron inflacionarios en gran parte porque hicieron que fuera mucho más difícil transportar las cosas que necesitábamos. Ahora, piensa en todos los otros factores que podrían hacer que volviera a ocurrir lo mismo, desde fricciones económicas en Europa hasta tensiones geopolíticas en Oriente Medio. Dado que la economía global es cada vez más inestable, hoy las empresas consideran que es más seguro fabricar productos cerca de casa, a pesar de que hacerlo sea más costoso que fabricarlos en el otro extremo del mundo.

También existe el deseo de alejarnos de los combustibles fósiles y adoptar energías más ecológicas y renovables. Por más urgente que esto sea, no se puede negar que estas fuentes alternativas de energía todavía no son tan eficientes como las que buscan reemplazar. Por consiguiente, esto probablemente hará que el coste de la energía aumente, y dado que se necesita energía para todo, eso también es inflacionario.

Y todavía queda un factor. Si bien los bancos centrales temen, con razón, que la inflación se dispare y han tomado medidas drásticas para reducir los niveles de dos dígitos, que gran parte del mundo sufrió al principio de la década de 2020, lo cierto es que un nivel moderadamente elevado de inflación es en realidad bastante útil para ellos. Eso es así porque ayuda a lidiar con la montaña enorme de deudas que casi todos los gobiernos han acumulado y que alcanzaron nuevos máximos durante los años del COVID. Si el precio de todo (incluidos los salarios) sube, el tamaño total de la economía (PIB) aumenta: no se ha producido más, pero el valor nominal es más alto. Como resultado, mientras que el importe absoluto de la deuda sigue siendo el mismo, la proporción entre la deuda y el PIB se ha reducido.

Habrás notado que cuando se dice «el precio de todo sube» es otra manera de nombrar a la «inflación»: en otras palabras, el Gobierno quiere que haya *algo* de inflación, y ya sabemos que este suele obtener lo que quiere.

Con esto no quiero decir que una hiperinflación sea inminente en Estados Unidos, el Reino Unido o en ningún otro lugar. Eso sería desastroso para la credibilidad de cualquier gobierno y para su capacidad de obtener préstamos baratos. Pero, en términos generales, este tiene motivos para querer crear condiciones en las que las tasas de interés sean relativamente bajas y la inflación sea lo más alta que las personas estén dispuestas a tolerar. De hecho, apuesto a que esta será una de las características distintivas de las próximas décadas. Mientras que el período posterior a 2008 estuvo caracterizado por tasas de interés tan bajas que parecían no existir y por una inflación mínima, la década de 2020 será definida por tasas de interés superiores a lo que estamos acostumbrados, aunque no tan altas como deberían ser, combinadas con tasas de inflación más elevadas y volátiles.

¿Cuál es el resultado más probable para los ahorradores?: una tasa de inflación que la mayor parte del tiempo es más alta que la tasa de interés, y que el dinero en la cuenta bancaria te sirve para comprar menos cosas con cada año que pasa.

Cómo poner los ahorros en piloto automático

¿Cómo deberíamos responder cuando las cartas de juego están en contra de los ahorradores de una manera nunca antes vista? Una opción es darnos por vencidos por completo y vivir solo en el presente. Por más tentador que esto sea, tu yo futuro se merece algo mejor que eso, sobre todo dado que es posible que el Gobierno necesite recortar su apoyo en caso de que atravieses un momento difícil.

Lamentablemente, los consejos financieros más tradicionales (y menos hedonistas) tampoco sirven. Si sigues ahorrando, estarás nadando a contracorriente: deberás hacer sacrificios cada vez mayores en todas las áreas de tu vida sin recibir muchos beneficios. Sí, deberíamos continuar ahorrando, pero no con la expectativa de que eso vaya a cambiarnos la vida ni de que eso baste por sí solo para asegurarnos un futuro cómodo. En otras palabras, deberíamos prestarle la atención necesaria a los ahorros, pero no más que eso, y dedicar la concentración que nos resta a las otras ideas que exploraremos en este libro.

Mi estrategia de los ahorros está vinculada con la esencia misma de, en primer lugar, por qué gastamos dinero. Cada vez que gastamos, lo que estamos diciendo de manera implícita es que valoramos más eso que estamos comprando que el dinero que estamos ofreciendo a cambio. Quizás no siempre se sienta así (nadie disfruta de pagar la factura de la luz), pero siempre que estés tomando decisiones voluntarias sobre en qué gastar tu dinero, esto es así (prefieres gastar ese dinero que vivir a oscuras).

Entonces, en teoría, cada vez que gastamos deberíamos experimentar una mejora en nuestra calidad de vida: si no lo hacemos, no deberíamos haber hecho ese intercambio. Pero incluso si nadie te está obligando a desembolsar en contra de tu voluntad, es probable que hayas notado que a menudo terminas haciéndolo en cosas que no mejoran tu vida.

- Quizás parezca que es algo que te hará feliz, pero te arrepientes de inmediato.
- Quizá antes te hacía feliz, pero ya no disfrutas tanto esa actividad y no te has detenido a reevaluar tu decisión.
- Quizás haga feliz a otras personas y das por hecho que también debería hacerte feliz a ti, pero no has sido honesto contigo al respecto.
- Quizás comenzó siendo un gusto que te dabas de vez en cuando y te encantaba, pero ahora se ha vuelto tan rutinario que ya no lo disfrutas del mismo modo.
- Quizás es algo que ya no estás usando, pero olvidaste que lo seguías pagando.

He desarrollado un proceso de seis pasos diseñado para minimizar estos «errores» a la hora de gastar y le he puesto el nombre de «gastos conscientes». Cuando haces gastos conscientes, puedes tener la seguridad de que la respuesta a «¿Realmente me hará feliz gastar este dinero?» será siempre un «sí» rotundo.

A mi modo de ver, esta es una manera genial de gastar menos, pero sin padecerlo. Como solo haces recortes en áreas que tú mismo has decidido conscientemente que no contribuyen a tu felicidad, esta reducción de tus gastos mejora tu futuro sin tener ningún impacto negativo en el presente.

Es improbable que ya hayas optimizado tus gastos a la perfección, así que siempre habrá algo que puedas eliminar, lo que te permitirá aumentar la cantidad de dinero que puedes ahorrar sin mucho esfuerzo.

¿Estás listo para empezar a hacer gastos conscientes? Solo debes seguir seis pasos.

Paso 1: No hagas un presupuesto

No está nada mal: son solo seis pasos y el primero te dice que *no* hagas algo.

«Hacer un presupuesto» es el primer paso de cualquier artículo que hayas leído sobre finanzas personales, pero yo creo que tiene grandes desventajas, y el proceso de los gastos conscientes lo convierte en algo innecesario.

Una de las principales limitaciones de hacer un presupuesto es que los gastos más elevados son fijos. Por ejemplo, según la Oficina Nacional de Estadística del Reino Unido, la vivienda, los alimentos, la asistencia médica, los seguros y el transporte componen el 72% de los gastos totales de una familia promedio[16]. En Estados Unidos, la Oficina de Estadísticas Laborales calcula que esa cifra está más cerca del 82,5%[17]. Así que puedes vacilar preguntándote si deberías permitirte un presupuesto semanal de 5 o 10 libras para el café; sin embargo, estos gastos discrecionales corresponden a una fracción tan diminuta de tus gastos totales que no tendrá un impacto muy grande.

También es un desperdicio de energía mental. A menos que seas una de esas personas inusuales y un poco raras para quienes las finanzas personales son un entretenimiento, el tiempo y la energía que les dedicas tienen un límite.

Elaborar un presupuesto en primer lugar no es lo más exigente, y de hecho puede ser extrañamente gratificante, ya que impone un orden teórico a tu vida y hace que sientas que tienes todo bajo control. Eso es fantástico… pero luego tienes que ceñirte a él. Y monitorear de manera constante que no te estás saliendo de tu presupuesto absorberá una parte importante de la reducida atención y la fuerza de voluntad que estás dispuesto a invertir en esta área de tu vida. Sería mejor dedicar tu preciada capacidad mental a actividades que te ofrezcan más a cambio de ese gasto mental… como ganar más e invertir mejor.

También existe el riesgo de que hacer un presupuesto y ceñirte a él se vuelva algo tan molesto que termines por sentir rechazo por todo ese esfuerzo y abandones la idea de mejorar tus finanzas por completo, lo que sería una lástima, porque podrías tomar acciones mucho más agradables y efectivas.

Desde luego, quizás seas de los que necesitan la estructura de un presupuesto o sientas que contar con uno te ayuda mentalmente: tal vez a ti te relaje en lugar de estresarte. Es posible que en este momento no tengas otra alternativa: necesitas un presupuesto para asegurarte de tener suficiente dinero hasta fin de mes. Si la idea de tener uno te resulta atractiva por estos u otros motivos, puedes ignorar este paso. Yo solo estoy ofreciendo una alternativa para el gran número de personas a las que hacerlo les resulta muy pesado.

Paso 2: Lleva un registro de tus gastos diarios

Esta es mi arma secreta para asegurarme de que los gastos sean siempre razonables sin acercarme al presupuesto.

Funciona así: cada vez que gastes dinero, anótalo. Para que el impacto psicológico sea mayor, hazlo de inmediato en lugar de esperar a anotarlo todo junto al final del día.

La forma en la que lleves este registro no importa: con las notas de tu móvil es más que suficiente. Si prefieres, puedes usar otra aplicación que sume todas las cantidades y te permita hacer un análisis tecnológico de datos por categoría. La clave es hacerlo manualmente. Cualquier cosa que se conecte de manera automática con tu banco para guardar un registro por ti no servirá.

Cada vez que gastes cualquier cantidad de dinero, dedica no más de veinte segundos a anotar lo siguiente:

- La fecha.
- La cantidad.
- La categoría del gasto (comer fuera, café, ropa, entretenimiento, supermercado, etc.).
- Opcional: una descripción de lo que has comprado.

No te preocupes por los gastos recurrentes, como las suscripciones, o esos gastos grandes regulares, como la hipoteca, las facturas de la luz, los bonos de transporte o el abono del gimnasio: te ocuparás de todo eso en el próximo paso. Aquí la meta es simplemente reducir el constante goteo de gastos diarios para que te vuelvas más consciente de ellos.

Quizás esperes que haya un paso futuro en el que revises lo que has desembolsado y cuándo. Para nada. Si tú quieres, puedes eliminar tus notas al final del día y el efecto será el mismo. Esta es la magia de todo este proceso: saber que tienes que anotar tus gastos es suficiente para reducirlos sin siquiera intentarlo. Con mayor frecuencia de lo que esperarías, tu subconsciente empezará a proyectarte durante unos minutos hacia el futuro y te darás cuenta de que no te sientes bien cuando anotas algo, así que no gastarás tu dinero en eso. (Llevar un registro de lo que comes sin imponerte un límite de calorías funciona por este mismo motivo).

Si crees que esto resulta molesto... bueno, tienes razón: esa es en gran parte la idea. Pero no es un hábito que debas mantener para siempre: después de pasar una semana o dos haciendo gastos de manera más consciente, notarás que los efectos continúan mucho después de dejar de llevar un registro. Aunque no será para siempre, así que quizás quieras repetir este ejercicio la próxima vez que el resumen de la tarjeta de crédito te dé un susto.

Paso 3: Usa la «regla de las dos semanas»

El paso dos es fabuloso para reducir el goteo de las compras pequeñas del día a día, y puedes complementarlo con un truco que te garantizará que cualquier compra grande que hagas mejore de manera significativa tu vida.

La regla de las dos semanas es simple. Cuando decidas que realmente necesitas tener un nuevo teléfono, accesorio para la bicicleta, exprimidor o cualquier otra cosa que cueste más de, por ejemplo, el equivalente a treinta libras, dite a ti mismo: «Claro que puedes comprar esto, ¡no es ningún problema! Solo tienes que esperar un par de semanas».

Te asombrará la frecuencia con la que ese apremiante deseo se evapora por completo antes de que las dos semanas lleguen a su fin.

Hace poco me ha sucedido con un iPad: me obsesioné por completo con la manera en la que podría revolucionar mi forma de leer y tomar notas, y me sumergí en una exhaustiva investigación sobre las diferentes especificaciones, características y accesorios.

¿Dos semanas después? Ya no me importaba. Me di cuenta de que no me suponía ningún problema leer en el teléfono y, además, ¿de verdad me iba a molestar en cargar constantemente otro dispositivo más?

Pero ¿y si al final del período de espera todavía deseas tener ese artículo que te cambiará la vida? ¡No hay problema! Adelante, cómpralo sin culpa. Recuerda que hacer gastos conscientes no es una cuestión de negarte lo que quieres: la idea es simplemente asegurarte de no actuar por un capricho pasajero del que te vayas a arrepentir más tarde.

A mí me funciona muy bien la espera de dos semanas: podría tolerar cómodamente un imperioso deseo durante una semana, pero me parece que esperar todo un mes no sería demasiado lógico. Puedes experimentar con este ejercicio y encontrar el período de tiempo que mejor te funcione a ti.

Paso 4: Haz una auditoría única de tus gastos

¡Llegó la hora de hacer recortes radicales! Es el momento de pasar a lo divertido y deshacernos de una parte importante de tus gastos mensuales, pero lo fundamental es hacerlo sin renunciar a las cosas que te importan.

Este paso implica revisar tus saldos bancarios de los últimos meses e identificar cualquier gasto que puedas reducir o eliminar.

Eliminar cosas que pagas todos los meses, como los servicios por suscripción, es perfecto, porque con una única acción seguirás recibiendo un beneficio todos los meses siguientes. Aunque los gastos únicos también son un buen objetivo: quizás te alarme el coste de haber asistido a ese concierto el mes pasado (ciento veinte libras para las entradas, cincuenta para la cena previa y otras cincuenta para la niñera) y decidas hacer menos salidas como esas en el futuro.

Pero recuerda: solo elimina los gastos que no afecten demasiado a aquello que disfrutas de la vida. El objetivo de esto es recortar lo que sea superfluo, no negarte a ti mismo todos los placeres mundanos.

Si la verdad es que te encantó asistir a ese concierto y pasaste las semanas previas ilusionado anticipándolo, entonces no es ningún problema. Pero todos tenemos gastos habituales que, cuando lo pensamos bien, en realidad no proporcionan mucho placer.

Siendo conservador, me animo a decir que podrás recortar un 10% de tus gastos sin apenas notarlo. Incluso puedes fijar la cantidad que te gustaría recortar, si es que eso hace que este ejercicio sea un reto más divertido para ti.

Digo que esta es una auditoría de gastos que haces «una única vez», pero lo cierto es que en realidad no es algo que se haga una sola vez y listo: las cosas cambian y no dejan de colarse gastos indeseados, así que este es un ejercicio que vale la pena hacer cada año. Quizás en tu cumpleaños, para que sea fácil recordarlo. (Es broma, ni siquiera yo soy tan raro).

Paso 5: Evalúa tus gastos «fijos» más grandes

Como ya he mencionado, los gastos fijos son los responsables de la mayor parte del consumo de casi todas las personas.

No es fácil reducirlos, pero el impacto puede llegar a ser enorme. Por ejemplo, imagina que el 30% de tus gastos están destinados a tu vivienda. Eso significa que si encuentras la manera de reducir un tercio el coste de tu vivienda, habrás reducido tus gastos totales en un 10% de un solo golpe. Eso equivale a muchos cafés con leche. La misma lógica se aplica al cuidado de los niños, el transporte y cualquier otro gasto fijo y grande que tengas.

Aborda este paso como si fuera una tormenta de ideas, donde nada es demasiado descabellado como para tenerlo en cuenta. Las mejores ideas a menudo surgen cuando comienzas por un extremo algo tonto («la verdad es que podría dormir debajo del escritorio en la oficina para ahorrarme los gastos de alojamiento») que rompa tu patrón mental actual y luego retrocedes a partir de ese punto hasta llegar a algo más moderado («en realidad, si pudiera encontrar un trabajo al que pudiera ir en bicicleta, me ahorraría 250 libras al mes»).

Cuando hayas terminado este paso, quizás decidas explorar alguna de las siguientes alternativas:

- Optar por una hipoteca más económica, si es que hay una disponible.
- Mudarte más cerca del trabajo (o acercar el trabajo a tu hogar) para eliminar los gastos del transporte diario.
- Buscar un trabajo que te permita trabajar desde tu hogar con mayor frecuencia.
- Empezar a ir al trabajo en bicicleta en lugar de usar el coche o el tren.
- Mudarte a un país o región con un coste de vida más bajo.
- Cambiar tus horarios de trabajo para no tener que pagar tantas horas por el cuidado de tus niños.

Cuando empieces a pensar en esto, verás que también tienes muchas otras opciones. Pero no esperes que alguna de ellas sea fácil.

Recuerda: el objetivo de este ejercicio es recortar gastos sin que ello afecte de forma negativa a tu vida. Quizás mudarte a un área más barata te haga infeliz, en cuyo caso, no lo hagas. Sin embargo, la mayoría de nosotros terminamos teniendo nuestro estilo de vida por accidente, como resultado de una larga serie de eventos aleatorios y de lo que creímos que era la mejor opción en un momento dado. Así que vale la pena echarle una nueva mirada a tus gastos fijos y generar una lista de opciones que podrías explorar.

Paso 6: Págate primero a ti mismo

A menos que seas una inusual excepción y ya habías calibrado a la perfección tus gastos, cuando termines con los primeros cinco pasos descubrirás que ahora tienes más dinero para invertir. Este es el momento de automatizar el proceso de destinar esos ahorros extra a inversiones… y, fundamentalmente, hacer que eso sea lo primero que suceda tan pronto como recibas el dinero.

«Págate primero a ti mismo» es otro de esos conceptos que han estado presentes desde hace cientos de años. La idea es simple: tomas el dinero que quieres ahorrar y de inmediato lo mueves a una cuenta de ahorros específica para este fin en cuanto te pagan. Y listo, ya te puedes olvidar de eso.

Por un lado, esto es práctico: si tratas a tu fondo de ahorros como si fuera cualquier otra factura y la pagas antes que cualquier otra cosa, no tienes más alternativa que restringir tus otros gastos según lo que te quede. Esto evita que derroches a final del mes, porque ya has apartado el dinero.

Además, es psicológico. Cuando lo último que haces es pagarte a ti mismo con lo que te haya quedado, lo que estás expresando de manera implícita es que tus ahorros son el uso menos importante de tu dinero. Es algo que está bien tener, pero solo si las circunstancias lo permiten. Pagarte primero a ti mismo invierte esta situación: si ahorras (y más adelante inviertes) antes de incluso pagar tus costes de vida esenciales, lo que estás diciendo es que tu futuro financiero es tu máxima prioridad.

La verdadera jugada maestra en este caso es hacer que sea un pago que deseas ver fuera de tu cuenta, porque representa un paso hacia el futuro que quieres tener. La mayoría de los bancos te permiten añadir una descripción a los pagos automáticos, así que podrías ponerle un nombre como «fondo para la libertad», «dividendos para mejorar mi vida» o lo que sea que te suene emocionante y motivador.

Pagarte a ti primero es uno de esos trucos mentales que parece que debería dejar de funcionar si sabes que lo estás haciendo, pero por algún motivo eso nunca sucede. En mi caso, este simple cambio de perspectiva mental transformó por completo mi forma de pensar las inversiones: es algo automático, inevitable, y todo lo demás necesita acomodarse a su alrededor.

¿Cuánto deberías «pagarte a ti mismo»? La respuesta final es «tanto como puedas» sin convertirte en un masoquista. Sin embargo, si eres demasiado ambicioso con la cantidad que apartas y luego necesitas saquear tímidamente tu cuenta de ahorros cuando todavía te falta una semana para el próximo pago, eso drenará tu motivación y perjudicará todo el ejercicio. Así que es preferible empezar con poco —incluso diez libras es mejor que nada— y evaluar mes a mes si puedes aumentar esa cantidad. En algún momento querrás llegar a ese 10%

del que tanto se habla y, preferentemente, aumentarlo. Pero como veremos más adelante, incluso si eso no está ni siquiera cerca de ser una realidad para ti hoy en día, hay algunos pasos simples que puedes dar para llegar a ese punto antes de lo que creerías.

Tus tres palancas financieras

Ya lo has pensado mucho y el yate no es negociable, tu chef personal te da una alegría inmensa y tu colección de pinturas de los viejos maestros del arte es lo que ilumina tus días.

O, si queremos ser más realistas, quizás tienes aficiones gratificantes y placenteras que son algo costosas. O tal vez vivas en un área donde el nivel de vida es elevado para ti, pero es donde tienes buenos amigos y a tu familia. Eso no es un problema, porque si bien ahorrar es un primer paso esencial, es de lejos la palanca financiera más débil que podemos usar para controlar nuestras finanzas.

¿Por qué? Bueno, imagina que en este momento estás ganando cincuenta mil libras anuales y gastas hasta el último centavo. Tu meta es que te queden diez mil libras por año para hacer inversiones. Si tus ingresos se mantienen constantes, eso significaría recortar tus gastos en un 20%. ¿Es posible? Quizás, pero no será muy divertido.

La alternativa es ganar unas libras adicionales por otro medio y mantener los gastos iguales. Esto podría ser tan fácil como aprender una nueva competencia o postularte a un trabajo en una industria que pague mejor… y de esta manera alcanzarías tu meta sin sacrificar tu estilo de vida en absoluto. No solo eso, sino que nada te detiene (al menos en teoría) para seguir hasta conseguir que tus ingresos sean de cien mil libras anuales. Ahí estarías ahorrando cincuenta mil al año, algo que claramente habría sido imposible sin ese aumento de tus ingresos: no importa cuántas noches te quedes en casa, cuántos cupones consigas o servicios de *streaming* canceles, existe un límite máximo de lo que puedes recortar.

Esto significa que si hallas la manera de seguir aumentando tus ingresos, no es necesario que te preocupes demasiado por lo que estás ahorrando hoy en día. Por ejemplo, imagina que estás ganando cincuenta mil libras anuales y que te ciñes al consejo estándar de ahorrar el 10% de tus ganancias, en este caso cinco mil libras. Si el año que viene te aseguras de conseguir un aumento para ganar cincuenta y cinco mil libras y sigues la regla del 10%, eso significaría que estarías ahorrando cinco mil quinientas libras y te quedarían unas cuatro mil quinientas adicionales para gastar.

Pero ¿qué sucedería si dividieras ese aumento un 50/50 entre gastos y ahorros? Todavía tendrías unas dos mil quinientas libras adicionales para gastar en lo que quisieras, pero también estarías ahorrando siete mil quinientas en lugar de cinco mil al año. Tu tasa de ahorro aumentaría del 10 al 13,6%... sin tener que hacer recortes e, incluso, gastando más que antes. La próxima vez que tus ahorros aumenten, puedes repetir este truco y volver a aumentar tu tasa de ahorro y a la vez tener más dinero para disfrutar en el momento.

Al principio puede parecer el consejo financiero menos útil del mundo, pero combinar «ganar más dinero» con los gastos conscientes es básicamente la fórmula mágica para tener una mejor vida financiera. Y es por eso que el resto de este libro no se concentrará en ahorrar, sino en generar más dinero.

Me gusta creer que las finanzas personales son el resultado de tres palancas financieras que debemos empujar hacia el lado correcto. En primer lugar, tenemos el tema de este capítulo, los ahorros, que son un primer paso fundamental, pero, como ya hemos visto, está lejos de ser el más efectivo. La segunda palanca son las inversiones, que captan nuestra imaginación porque nos permiten multiplicar el dinero sin involucrarnos: cobrar dividendos o el alquiler de una propiedad es como tener un segundo empleo, solo que sin el tedio de tener que presentarte para ganarte el sueldo. El resultado no es siempre positivo, pero con el tiempo funciona, y a partir del capítulo 3 exploraremos qué significa invertir de forma inteligente sin correr riesgos innecesarios.

Pero, con mucho, la palanca más poderosa —radicalmente más poderosa que las inversiones, aunque los consejos financieros tradicionales tiendan a ignorarla— es la que exploraremos en el próximo capítulo: los ingresos. Y, por fortuna, si bien no ha habido muchos momentos peores que este para ser un ahorrador, jamás ha habido un mejor momento para aumentar tus ingresos.

2

MITO Si trabajas y te esfuerzas lo suficiente hoy, la jubilación será tu recompensa.

REALIDAD Es mucho más realista y gratificante encontrar maneras de seguir teniendo ingresos durante un tiempo indefinido… pero sin el trabajo duro.

2

El mito de la jubilación anticipada

Luke Pittard tenía veintitrés años cuando ganó 1,3 millones de libras en la lotería. Era suficiente para renunciar de inmediato a su empleo en un McDonald's de Cardiff y, si lo invertía bien, para no tener que volver a trabajar en la vida.

Y, al principio, ese fue su plan; excepto que las cosas no resultaron como esperaba. A los pocos meses, Luke empezó a aburrirse con su nueva vida de lujos: «Para ser honesto, llega un punto en el que no te puedes relajar más. Soy joven, y un poco de trabajo duro nunca le ha hecho daño a nadie»[18].

Al cabo de un tiempo, regresó a su antiguo trabajo. «Me gusta ir a trabajar, y todos mis amigos trabajan allí», dijo. ¿El único cambio?, que en lugar de caminar, va y vuelve del trabajo en taxi.

No solo a Luke le ha pasado esto. Mark Brudenell ganó casi tres millones de libras en la lotería y pasó los primeros tres años volando por el mundo disfrutando de unas largas vacaciones de lujo… hasta que se aburrió y fundó su propia empresa de cristales aislantes. Dice que dedica «más horas a trabajar en la empresa de lo que trabajaba antes»[19], y ni siquiera toca el resto del dinero que ganó con la lotería. Roy Gibney, que ganó más de siete millones, dijo: «Dejé de trabajar durante catorce años, pero me aburrí. Empecé una empresa de chapas de metal y ahora estoy más en forma y soy más feliz de lo que he sido en años»[20].

En general, un tercio de las personas que ganan el primer premio crean una empresa propia, y casi la misma cantidad regresan a su vida como empleados[21]. Y eso no es porque hayan cometido tonterías y gastado hasta el último céntimo: aunque no necesiten el dinero, resulta que el trabajo satisface una necesidad profunda de sentido y conexión social.

Esta afirmación sería muy controvertida para quienes defienden la filosofía que gira en torno a escapar del mundo laboral tan pronto como sea posible. Tras la crisis financiera de 2007-2008, el movimiento FIRE —cuyo singular nombre corresponde a «*Financial Independence, Retire Early*» ('Independencia financiera, jubilación anticipada')— pasó de ser un estilo de vida alternativo a uno popular. Sus partidarios predican que deberías pasar una década trabajando muy duro, ahorrar la mayor parte de tus ganancias, tener una pila enorme de inversiones y entonces renunciar y vivir de esa pila para siempre. La idea es, en esencia, hacer un recorrido acelerado de la trayectoria profesional: al ahorrar muy por encima de la tasa normal (no es raro que un seguidor de FIRE extremo ahorre más del 50 % de lo que gana), puedes jubilarte más cerca de tu cumpleaños número cuarenta que sesenta.

El problema, como descubrieron muchos de los que tuvieron éxito con esta estrategia, no tiene que ver con renunciar a ciertos gastos ni con el rendimiento de los mercados financieros. El problema es el siguiente: la clase de persona que tiene el tipo de empleo, bien pagado y de alto nivel, y la motivación para llegar a estar en la posición de poder jubilarse tan joven no es la clase de persona que disfruta de décadas enteras de una relajación sin fin. Como escribió uno de los «casos exitosos» de FIRE en un blog a los cincuenta y un años: «Ahora estoy viviendo el sueño de la jubilación anticipada. ¿Y a que no lo adivináis? Fantaseo con regresar al trabajo»[22]. Después de un año de incursionar en el bádminton, unirse a un club de lectura local y ayudar como voluntario en el huerto comunitario, eso fue exactamente lo que hizo.

Que no se me malinterprete: hay elementos de la filosofía de FIRE con los que estoy muy de acuerdo, sobre todo con el no menos importante de renunciar al trabajo que odias y tomar las riendas de tu vida financiera lo antes posible. Pero su defecto fatal es que ignora los extensos estudios académicos que indican que la jubilación no es el sueño color de rosa que la mayoría de nosotros esperamos que sea... y que puede incluso ser desastrosa para nuestro bienestar mental.

Por ejemplo, investigadores de la Universidad de Binghamton de Nueva York analizaron datos de la China rural[23], que históricamente carecía de las prestaciones de jubilación estructuradas que las áreas urbanas sí tenían. En 2009, se comenzó a introducir un régimen para las jubilaciones que, con el tiempo, cubriría todas las áreas rurales. Su implementación gradual resultó ser el experimento natural perfecto; sin embargo, de pronto, la jubilación se volvió una posibilidad para algunos ciudadanos chinos ancianos, pero no para otros. Los investigadores supusieron que, por supuesto, las personas jubiladas serían más felices y saludables que las que seguían trabajando, ¿verdad?

No exactamente. En el análisis que hicieron de más de diecisiete mil personas, los investigadores descubrieron que, diez años después de haber implementado la jubilación, el índice de deterioro cognitivo se había acelerado enormemente en las zonas en las que las personas habían estado recibiendo ese apoyo adicional. Y sus habilidades cognitivas no fueron lo único que empeoró: también lo hizo su estado de ánimo. «Parece que los efectos negativos [de la jubilación] en la participación social fueron mucho mayores que los efectos positivos que el programa tenía en la nutrición y el sueño», concluyó uno de los investigadores. En términos generales, la evidencia indica que las historias de los ganadores de la lotería no deberían sorprendernos demasiado. Según un reciente resumen de *The Economist*, la jubilación a menudo conduce a la pérdida «de ingresos, propósito o, lo que es más doloroso, relevancia»[24].

Pero nada de esto ha tenido demasiado efecto en la creencia popular de que deberíamos construir nuestra vida en torno a la jubilación. Tanto en el Reino Unido como en Estados Unidos, las políticas para aumentar la edad en la que puedes empezar a cobrar la jubilación de los 65 a los 67 años han sido recibidas con malestar y resistencia. En Francia, más de un millón de personas salieron a protestar a la calle cuando el Gobierno intentó aumentar la edad de los 62 a los 64 años en 2023. Y mientras los gobiernos intentan retrasar la edad de la jubilación, nuestra percepción general es que hacerlo después de la primera mitad de los 60 ya es demasiado tarde: un estudio con milenіales estadounidenses señala que la edad ideal sería 61[25].

Para muchas personas, está claro que la meta es una jubilación anticipada, aunque solo se adelante un par de años. Pero ¿debería serlo? El problema es que, como vimos en el capítulo anterior, los ingresos son la palanca financiera más potente que tenemos, así que querer jubilarnos antes significa tener menos tiempo para beneficiarnos de eso, ya que intentamos comprimir nuestros ingresos en un tiempo tan breve como nos sea posible. Si tan solo hubiera otra manera de pensar sobre los ingresos, una que pusiera el énfasis en ganar dinero sin todo ese trabajo monótono, quizás nos daríamos cuenta de que hay formas más gratificantes (y lucrativas) de pensar en nuestra vida laboral.

La jubilación: un invento muy moderno

En un principio, quizás nos parezca extraño que al dejar de trabajar nos quedemos sumidos en el aburrimiento, socialmente aislados e incluso con nuestras capacidades mentales en declive. Pero a una persona de hace unos cien años, la idea de ponerle un fin a su vida laboral sin estar obligada a hacerlo por una enfermedad o una herida le parecería aún más curiosa. El concepto de «jubilación» como una etapa distintiva de la vida quizás ya sea un concepto bien integrado en la sociedad, pero también es sorprendentemente nuevo.

La primera pensión pagada como norma a todas las personas mayores de cierta edad se implementó apenas en 1883, en Alemania. En el Reino Unido, no fue hasta 1908 cuando se introdujo una pensión estatal, y como únicamente estaba destinada a los mayores de 70 años, solo una de cuatro personas vivían el tiempo suficiente para cobrarla. En Estados Unidos, no hubo una disposición federal para la jubilación masiva hasta 1935, cuando entró en vigencia la Ley de Seguridad Social.

En un breve período de tiempo, la jubilación se expandió a gran velocidad. En 1930, el 58 % de los hombres mayores de 65 años todavía trabajaban; para el 2000, ese número se había reducido a un 17,5 %[26]. Y eso a pesar de que la expectativa de vida había estado aumentando durante ese período: en 1930, según las estadísticas, se esperaba que un hombre de 65 años viviera doce años más, mientras que hoy en día le podrían quedar unos veinte años[27]. En el Reino Unido, la edad más común de fallecimiento en la actualidad para una mujer es de 89 años[28], y para ese entonces podría haber pasado casi treinta años jubilada.

A lo largo de un siglo, hemos pasado de una jubilación que apenas existía a que la norma —y la aspiración— sea pasar el último tercio de nuestra vida sin trabajar.

A nivel social, esto es claramente insostenible. En 1955, había 8,6 estadounidenses en edad activa por cada persona jubilada. En 2013, este número había descendido a 2,8[29]. Si ves en tu nómina que las deducciones de tu salario están siendo destinadas a algo tranquilizador como seguridad social, no pienses que están apartando dinero para tu vejez: todo lo que pagas se entrega de inmediato a personas que están recibiendo los beneficios del retiro a día de hoy. Tu propia jubilación depende de que el Gobierno consiga añadir más deuda a su montaña de deudas en constante crecimiento sin que el sistema colapse: en el futuro, esa deuda será usada para pagarte a ti y la cuenta que haya que pagar será el problema de una generación futura.

También a nivel personal, al alargarse cada vez más las jubilaciones, se requieren esfuerzos de ahorro heroicos e inversiones con rendimientos asombrosamente altos: para retirarte a los 60 necesitarías generar suficiente dinero durante cuarenta años con el que mantenerte durante otros treinta. Incluso para aquellos que se han jubilado hace poco —y cuyas inversiones se han visto favorecidas por una tendencia de décadas a la baja de las tasas de interés—, eso significa un esfuerzo enorme. Pero ahora que esa tendencia ha llegado a su fin y lo más probable es que los rendimientos futuros sean más bajos de lo que nos hemos acostumbrado, parece imposible.

Para empeorar el problema, las generaciones anteriores podían contar con haber terminado de pagar la casa al cumplir los 60, quizás después de haber terminado con una hipoteca de veinticinco años a los treinta y cinco. Ahora, con hipotecas más largas para mantener los pagos más o menos accesibles a pesar de la subida de las tasas de interés, eso está muy lejos de estar garantizado.

Desde luego, son pocas las personas que quieren trabajar cuarenta horas semanales hasta el último día... y eso de «¡me volvería loco de aburrimiento si no siguiera trabajando!» suena bien cuando tienes treinta y algo, pero la verdad es que ninguno de nosotros sabe durante cuánto tiempo nuestra salud nos permitirá seguir activos física y mentalmente.

Aunque solo sea por motivos económicos, es probable que en el futuro veamos como una anomalía histórica el siglo pasado, en el que las personas podían esperar pasar las últimas décadas de su vida dedicándose por completo al ocio. Esto fue posible debido a una inusual combinación de condiciones económicas y demográficas que ahora han cambiado y que quizás nunca volvamos a ver.

Muchos de nosotros simplemente no podremos fichar por última vez en la empresa en nuestro cuarenta cumpleaños (o ni siquiera en el sesenta). Pero esta es la cuestión: si logras encontrar la estrategia correcta para tus ingresos, quizás empieces a ver una larga vida laboral con entusiasmo en lugar de desolación.

Al igual que ocurre con el énfasis excesivo en los ahorros que vimos en el capítulo anterior, la preocupación por la jubilación anticipada es otro ejemplo de uno de esos consejos que solían ser útiles, pero que ahora se han vuelto peligrosamente erróneos dada la forma en la que el mundo ha cambiado. Cuando el trabajo de la mayoría de las personas era físico, fijar una fecha final definida tenía sentido. Pero ahora que a la mayoría de nosotros nos pagan por nuestras contribuciones mentales y sociales, y que nuestra expectativa de vida es mayor, la idea de adormecerse durante varias décadas de oro sin trabajar no solo no es socialmente sostenible, sino que también es indeseable desde el punto de vista personal.

Porque, para la mayoría, el problema con el trabajo no es el concepto en sí de trabajar: es el trabajo a tiempo completo, es decir, el que hace que dejes de estar presente cuando tus hijos se van a dormir, o el que te hace ser amable con personas que no soportas, o el que te estresa porque tu destino está en manos de otra persona. El movimiento FIRE tenía razón a medias: alcanzar la independencia financiera es una meta genial, solo que la segunda parte de lo que declaran como su objetivo, la jubilación anticipada, probablemente no lo sea.

La solución no es escapar del mundo del trabajo tan pronto como puedas, o cruzar los dedos y rezar por tener un billete de lotería ganador, sino encontrar la manera de llevar de forma sostenible una vida soñada que tenga integrada la generación de ingresos. No es cuestión de dejar de ganar dinero, sino de encontrar formas de ganarlo que no monopolicen tu tiempo. Y, por fortuna, hay medios con los que puedes seguir generando dinero incluso a los 70 años o más y disfrutar de todo el ocio y tiempo libre que ahora asociamos con la jubilación, pero con una porción adicional de satisfacción personal y gratificación mental.

Romper la relación entre tiempo y dinero

En Reddit, 279.000 personas son miembros de una comunidad llamada «*Overemployed*» (sobreempleo), es decir, personas que tienen más de un trabajo a tiempo completo. Estos empleados se han dado cuenta de que pueden cumplir con los requisitos básicos de su trabajo en la mitad de una semana de trabajo convencional, así que en lugar de perder el tiempo en redes sociales como el resto de nosotros, han encontrado un segundo trabajo que ocupe esa otra mitad.

Algunos lo llevan todavía más allá. Uno de los miembros de esa comunidad acumuló cuatro empleos, y luego renunció a uno porque se quejaba de que tenía «demasiadas reuniones». Otro tiene cinco trabajos a «tiempo completo» en el área de tecnología, que en su conjunto dan como resultado un salario combinado de casi un millón de dólares anuales. Este es el resumen del espíritu de este *subreddit* en palabras de uno de sus miembros: «No hace falta ser perfecto, no es necesario ser el mejor, solo haz lo que sea suficiente... y sigue adelante sin esforzarte de más».

Desde luego, esto solo es posible porque lo están haciendo en secreto. Si sus jefes supieran la eficiencia con la que están completando sus tareas, no estarían encantados, estarían horrorizados, y seguramente los harían trabajar la mitad de los días (pagándoles también la mitad). Esa reacción es comprensible: por instinto, la mayoría de nosotros sentimos que tener secretamente dos trabajos a la vez no está bien. Pero, si lo piensas, siempre que esas personas ofrezcan valor suficiente en un puesto de tiempo completo para satisfacer a dos (o más) empresas a la vez, ¿por qué no deberían hacerlo? No es culpa de ellos no estar trabajando a su máxima capacidad: si el jefe está contento, ¿por qué deberían pedir más trabajo o quedarse sentados de brazos cruzados sin hacer nada?

El motivo por el que tener dos empleos en simultáneo parece tan inmoral es la noción profundamente integrada de que el tiempo es dinero. Estamos acostumbrados a que nuestra compensación esté basada de manera explícita en una tarifa por hora o a recibir un salario que implique estar trabajando una cantidad específica de horas.

Sin embargo, ¿por qué debería el pago estar determinado por las horas que trabajas en lugar del valor que ofreces? Si se te estropea el coche y al mecánico le lleva cinco minutos repararlo, no calculas una tarifa «razonable» por hora e intentas pagarle una doceava parte de ella, simplemente agradeces que haya tardado tan poco en permitirte seguir tu camino y le pagas lo que sea que te pida. Ed Sheeran tardó menos de media hora en escribir su balada *Thinking Out Loud* ('Pensando en voz alta') y esa sola canción le ha hecho ganar millones. ¿Eso te parece poco razonable? ¿Seguirías el compás con el pie con más vigor si hubiera estado trabajando en ella como un burro durante semanas?

Estos ejemplos señalan otra manera posible de pensar en el trabajo, las ganancias y la jubilación. Hay una manera de seguir ganando dinero con facilidad, sin tener que fijar una meta arbitraria para el retiro… y lo que hace falta es romper por completo la conexión entre el tiempo y el dinero.

La clave para romper esta conexión está en lo que yo llamo «la ecuación del impacto». Esta ecuación propone que la cantidad de dinero que ganas es el resultado del valor que ofreces multiplicado por la cantidad de personas a quienes se lo ofreces. Que te reparen el coche es algo valioso para ti, y que lo hagan rápido es aún más valioso. El impacto de una canción pop es bajo cuando se trata de una sola persona, pero se vuelve significativo cuando lo multiplicamos por millones de personas a lo largo del tiempo. Ganas más dinero cuando ofreces más valor a la misma cantidad de personas, o la misma cantidad de valor a un gran número de personas… o, idealmente, cuando haces ambas cosas.

Debo admitir que no es necesario esforzarse mucho para encontrar casos en los que esta ecuación parece no funcionar. Lo primero que se me viene a la mente es el caso de los enfermeros y docentes: ayudan a muchas personas y es difícil imaginar otro tipo de trabajadores que tengan un impacto positivo tan directo en la vida de las personas; sin embargo, no sueles verlos en la lista de espera para comprar el nuevo Ferrari. Esto es así porque la ecuación del impacto no es aplicable dentro de los límites del empleo por cuenta ajena: hay distorsiones, injusticias, convenciones y cientos de otros factores que pueden hacer que el valor no se aprecie lo suficiente, que no se reconozca o que favorezca a otra persona que no es la que lo ha generado.

Ahora bien, si te apartas del empleo por cuenta ajena más tradicional, es posible manipular la ecuación del impacto para ganar muchísimo más, incluso en las profesiones más infravaloradas de manera crónica. Rachel Accurso, por ejemplo, hace en esencia lo mismo que cualquier otra maestra de preescolar… pero lo hace en YouTube bajo el nombre de «Ms Rachel», donde tiene siete millones de suscriptores y se estima que gana hasta quince millones de dólares al año[30]. Los canales de distribución digitales le han permitido ofrecer valor a más personas y modificar la ecuación a su favor. O mira a Mike Linares, que era enfermero en un hospital de Los Ángeles que había suspendido sus exámenes profesionales infinitas veces. Sin embargo, una vez que halló un método de estudio exitoso, empezó también a ofrecer tutorías a sus pares… y, como aprobar rápido es muy valioso para las personas que necesitan esos certificados para mejorar sus oportunidades laborales, con el tiempo el método se convirtió en una serie de guías de estudio que hoy en día generan más de un millón de dólares al año[31].

Tanto Rachel como Mike han roto la conexión tiempo-dinero al hackear la ecuación del impacto. No necesitan trabajar duro si no quieren hacerlo: sus ganancias son excelentes, y podrían trabajar mucho menos y aún ganar mucho más que una persona promedio. No necesitan renunciar a sus vacaciones: ya sea que trabajen o no una semana, porque de todos modos cobrarán. Y definitivamente no necesitan jubilarse por anticipado: les gusta lo que hacen, así que pueden hacerlo para siempre.

Debo admitir que son casos atípicos: no todo el mundo alcanza ese nivel de éxito. Pero tampoco es necesario hacerlo. Después de todo, si pudieras ganar tanto como ganas hoy en día y disfrutar de lo que haces sin necesidad de trabajar cuarenta horas semanales o algo que se acerque a eso, ¿seguirías sintiendo la presión de jubilarte para cierta fecha?

Los tres niveles de la independencia financiera

Vale, todo esto suena fenomenal, pero ¿cómo se logra? Bueno, me gusta pensar en la independencia financiera no como un resultado, sino como un proceso: uno que suele requerir pasar por tres niveles.

Nivel 1: Aceptar la conexión

Inevitablemente, para la mayoría de nosotros, al principio el tiempo y el dinero están vinculados de manera inextricable. Porque solo te empiezan a pagar cuando fichas y el reloj comienza a correr, o te exigen estar sentado en una oficina durante un horario concreto para conservar el empleo, y, por consiguiente, el salario. En caso de que puedas trabajar desde tu hogar y hacer la colada durante tu horario laboral en la empresa, eres un afortunado.

Pero tener un empleo por cuenta ajena no es del todo malo. Plantéatelo como un aprendizaje: será un período en el que tendrás la certeza de cuándo y cuánto te van a pagar, podrás desarrollar tus competencias y perfeccionar tu oficio al involucrarte en proyectos grandes con personas talentosas. Es un paso que, por más que a veces soñemos con dejarlo atrás, aunque sea tristemente temprano, a la mayoría de nosotros nos beneficia. Incluso si te has graduado con el mejor promedio en una de las universidades más prestigiosas, cuando empieces en cualquier trabajo del mundo real, al principio serás pésimo en él. Si tus resultados definieran si vives o mueres, probablemente morirías, así que tener algo de margen para aprender mientras te pagan es justo lo que necesitas. Incluso después de las primeras etapas de tu carrera, siempre es beneficioso aprender de las personas que te rodean y hacer varias «repeticiones» de cualquiera que sea la destreza o el área que quieres dominar.

Sí, estoy pintando la imagen más optimista que puedo sobre el mundo laboral. La mayoría de personas no llegan a la oficina envueltas en una nube de agradecimiento por todas las oportunidades que se les van a ofrecer, sino que se sienten infravaloradas, hartas de las intrigas y resentidas. Pero hay maneras de maximizar las oportunidades en el Nivel 1 mientras te preparas para el Nivel 2: para ser exacto, hay tres.

1: Reencuadrar

En general, las personas, ya sea de manera explícita o implícita, ven su carrera como algo que «les sucede» a ellas a causa de las acciones de otras personas: tu jefe no te quiere dar un aumento; estás atascado en un proyecto que no va a ningún lado; nadie presta atención a tus ideas… y si aparece una oportunidad mejor, es por pura suerte.

El primer paso es reencuadrar tu carrera como algo que tú controles, y abordarla de manera estratégica. Estás renunciando a una gran parte de tus horas cada día: ¿qué obtienes a cambio? Si la respuesta es «no lo suficiente», entonces necesitas evaluar honestamente si tú vales lo suficiente o si en este momento estás en el lugar equivocado. Recuerda, tu tiempo como trabajador por cuenta ajena es tu período de aprendizaje, y depende de ti aprovecharlo al máximo. ¿Qué harías de otra manera si te responsabilizaras de adquirir las competencias que necesitas para salir de allí?

En la terminología académica, este sentido de la responsabilidad es conocido como «autoeficacia profesional», y su efecto ha sido demostrado por estudios realizados en todo el mundo. En uno de ellos, llevado a cabo en Alemania, se hizo un seguimiento a más de setecientas personas desde el momento de su graduación y se descubrió que, siete años más tarde, la autoeficacia alta se traducía en un mejor salario y una mayor satisfacción laboral[32]. Esto no es lo mismo que engañarte a ti mismo para creer que todo lo que sucede en tu trabajo está bajo tu control: en realidad, las otras personas sí influyen y es posible que algunas cosas te afecten de manera injusta. Es así, a veces no te darán un ascenso porque otra persona generó un vínculo con el jefe porque salían a tomarse una copa después del trabajo.

No necesitas mirarte al espejo y repetir todas las mañanas: «¡Yo soy el premio!», pero tan solo actuar como si todo estuviera bajo tu control hará que los resultados mejoren.

2: Seguir aprendiendo

Tu capacidad de romper la conexión tiempo-dinero dependerá del valor de las competencias que hayas desarrollado. Algunas de ellas las adquirirás de manera natural con la experiencia, pero hay un par de áreas específicas en las que puedes concentrarte para llegar antes al Nivel 2, y a la vez darle un impulso instantáneo a tus ingresos.

Una de ellas es adquirir conocimientos especializados que puedan conducirte a áreas de tu campo en las que paguen particularmente bien. Por ejemplo, según un informe global sobre la relación entre competencias y ganancias, los profesionales de las tecnologías de la información que obtienen un título nuevo pueden recibir un aumento de diez mil dólares anuales o más[33]. Eso es una prima tremenda por hacer un curso o estudiar un poco por tu cuenta. De modo similar, el Project Management Institute (que, debo admitir, no es una parte completamente desinteresada) halló que quienes cuentan con un título de gestión de proyectos ganan un 22 % más que quienes no lo tienen[34]. No importa cuál sea tu profesión, seguro que hay un equivalente.

También puedes desarrollar «habilidades sociales» que son útiles en diferentes funciones e industrias, y que también te serán útiles si decides trabajar por tu cuenta cuando pases al Nivel 2. Por ejemplo, en un estudio de la Universidad de California se descubrió que las personas que demuestran capacidad de liderazgo desde la infancia ganan hasta un 33 % más cuando son adultas, incluso teniendo en cuenta las diferencias en la inteligencia y otros rasgos[35]. Por otro lado, un estudio de más de cuarenta y dos mil personas llevado a cabo por TalentSmart mostró que los empleados que tienen una inteligencia emocional (IE) elevada ganaban un promedio de veinticinco mil dólares más al año que quienes tenían una IE baja.[36]

¿Cómo se pueden desarrollar estas competencias? Si bien hay cursos y titulaciones regladas, la manera más efectiva de aprenderlas es mediante una combinación de estudio independiente y autodidacta, como leer libros o escuchar pódcasts, y de aprovechar las oportunidades de aprender en el trabajo. Es por eso que reencuadrar es el primer paso fundamental, pues al hacerte cargo mentalmente de tu carrera profesional, detectarás oportunidades de desarrollo que de otra manera habrías pasado por alto.

Con un mínimo aprendizaje adicional, quizás puedas incluso dar un estratégico paso al lado. Por ejemplo, los datos de la Oficina de Estadísticas Laborales de Estados Unidos indican que los periodistas ganan un salario promedio de 49.300 dólares anuales[37], mientras que el promedio para los especialistas en relaciones públicas está en 66.750 dólares[38]. ¿Las competencias en juego? Son muy similares: yo solía trabajar en relaciones públicas y siempre teníamos periodistas que se unían a nosotros en el «lado oscuro» dependiendo de sus conocimientos y conexiones.

3: Olvidarse de la lealtad

Un análisis de dieciocho millones de registros de empleo llevado a cabo por Yahoo Money descubrió que quienes cambian de empleo ganan sistemática y significativamente más que quienes se quedan donde están[39]. No es necesario pensar demasiado para descifrar por qué. Cuando una empresa contrata a un nuevo empleado, no tiene más alternativa que pagarle conforme al precio del mercado para alguien con el nivel de competencia y experiencia deseado. Sin embargo, cuando quieren retener a un empleado, pueden depender de la inercia.

Si alguien disfruta de su empleo y recibe un aumento, ¿de verdad se molestará en buscar algo más? ¿Sabe acaso que ganaría más si lo volvieran a contratar para su puesto actual?

Desde luego, la felicidad es importante; en caso de que te guste donde trabajas, quizás no quieras arriesgarte a irte a cambio de un puesto que quizás vayas a odiar. Pero no es necesario que te marches, solo necesitas seguir buscando. Para empezar, buscar activamente te dará una idea de qué es lo que podrías o deberías ganar en tu puesto actual: en el caso de que tu empresa fuera a contratar un reemplazo para ti, ¿cuánto le pagarían? Si no te están recompensando con el aumento que crees que mereces, quizás puedas ir un paso más allá consiguiendo una oferta en otro lado y pidiéndole a tu empleador que la iguale si quiere que te quedes.

Para decirlo sin rodeos, la clave para ganar más es ponerte en una posición en la que tu empleador te necesite más a ti de lo que tú lo necesitas a él. En todas las empresas hay un par de personas que, si presentaran su dimisión, harían que el CEO cancelara sus planes para el resto del día e hiciera todo lo posible para que cambiaran de opinión. Tu meta es ser una de esas personas.

En gran parte, esto se reduce a resolver problemas que las otras personas no pueden (o no quieren), y ser alguien de confianza. La persona de mi empresa que ha ascendido más rápido en la escalera corporativa lo hizo porque siempre cumplía con el trabajo, sin dramas ni quejas. Cada vez que aparecía una nueva área de responsabilidad, terminábamos asignándosela a ella porque sabíamos que seguro que lo haría bien. A veces, eso significaba quedarse trabajando hasta tarde, o correr de un lado para el otro intentando descifrar cómo hacer algo que nunca antes había hecho... pero valió la pena, porque se convirtió en alguien irremplazable.

Llevar a cabo estos tres cambios hará que la ecuación se modifique a tu favor: estarás añadiendo valor y captando más valor para ti mismo. La diferencia que esto puede tener en tu capacidad de generar ingresos en los próximos tres o cinco años podría ser enorme. Como ya hemos visto, los ingresos son de lejos la palanca más poderosa que tienes, así que abordar de manera consciente tu carrera puede tener un impacto mayor que décadas de ahorro disciplinado o cualquier esfuerzo por transformarte en un genio de las inversiones.

Puede que seguir estos pasos sea suficiente para ti: ganarás más y tendrás una posición desde la que tomar decisiones. Es posible que esta dinámica transformada de poder y una nómina más abultada basten para hacer que sigas fichando contento hasta llegar a la típica edad de jubilación y más allá. Pero si quieres ir más lejos, con las competencias que has desarrollado estás preparado a la perfección para el Nivel 2.

Nivel 2: Aflojar la conexión

Cuando Steve Jobs dejó Apple para fundar su nueva empresa, NeXT, necesitó un logo. Como era Steve Jobs, quería al mejor, así que se puso en contacto con el legendario diseñador Paul Rand.

Rand sabía cuál era su valor: exigió un honorario de cien mil dólares[40]. No habría consultas ni revisiones: él recibiría esa cantidad, entregaría lo que a él le pareciera el mejor concepto visual y eso sería todo. Jobs aceptó y Rand recibió esa cantidad por dos semanas de trabajo. (Si me lo preguntas a mí, el logo era bastante horrible, pero eso no viene al caso).

Este es un ejemplo extremo de aflojar la conexión entre el tiempo y el dinero. En algún momento, Rand tuvo que sentarse y hacer el trabajo. Necesitaba entregar su diseño antes de una fecha límite. Pero no le envió a Steve Jobs una factura en la que detallara la cantidad de horas que había trabajado: lo que estaba vendiendo era el resultado, no su tiempo.

Un ejemplo menos extremo de alguien que opera en el Nivel 2 es mi amigo Richard. Después de veinte años en puestos financieros de bancos importantes, empezó a trabajar de manera independiente como consultor. Sigue vendiendo su tiempo, pero como consultor lo vende por día, no como parte de un salario. Y como demostró ser capaz de dar buenos resultados durante ese tiempo, su tarifa es lo que a él le gusta llamar «reconfortantemente costosa».

En este momento, hace consultorías para un par de empresas un total de tres días a la semana. Todos sus fines de semana son largos, lo que, en combinación con los descansos entre contratos, le permite disfrutar del tipo de experiencias inolvidables que, por lo general, solo son posibles después de la «jubilación». Cuando necesita dinero extra para sus viajes, trabaja más durante un tiempo. Incluso cuando quiso tomarse un verano entero para pasarlo en una isla griega, lo hizo. Como cualquier persona que esté en el Nivel 1 puede corroborar, es poco frecuente alcanzar este nivel de flexibilidad desde el comienzo de tu carrera. Cuando lo que estás vendiendo es principalmente un resultado, necesitas demostrar, más allá de cualquier posible duda, que eres capaz de ofrecerlo trabajando para otra persona antes de hacerlo por tu cuenta.

Operar de manera independiente no solo te ofrece una mayor flexibilidad: los consultores tienden a cobrar al menos un 20% más que un empleado en una posición equivalente, y a veces un 50% más. Parte de esta diferencia desaparece debido a los impuestos y costes que, en otros casos, le correspondería pagar al empleador, pero incluso así, operar en el Nivel 2 ofrece la posibilidad de ganar mucho más. Lo que debes sacrificar a cambio es cierta seguridad, y este es uno de los grandes motivos por los que existe ese diferencial en el pago. Después de todo, debes poder cobrar lo suficiente para compensar las vacaciones y las bajas por enfermedad (en las que no cobrarás), y cubrir los períodos en los que no encuentres proyectos.

Si quieres pasar al Nivel 2, necesitarás planificarlo con tiempo para asegurarte de tener experiencia en el tipo de funciones que mejor se adecúan al trabajo independiente. No todas las funciones lo hacen. En el mundo corporativo, hay muchos puestos de trabajo que existen en el contexto de una empresa en particular debido a la manera en la que opera, pero que no existen en otros lados; así que podrías ser estupendo en uno de esos puestos, pero te costaría encontrar otros clientes. También hay sectores, como la banca de inversión o ciertos puestos gubernamentales delicados, en los que tendrás acceso a información confidencial, por lo que es probable que tus empleadores no estén contentos de que trabajes con otros clientes de manera simultánea o al cabo de poco tiempo después.

Todo esto quiere decir que las tareas más idóneas para el Nivel 2 son aquellas en las que estás vendiendo un resultado específico u ofreciendo un servicio ampliamente entendido y solicitado. Los trabajos basados en proyectos son perfectos, porque tener un final definido a menudo significa que no tiene sentido contratar a alguien interno. Esto es común en diseño, programación y marketing, al igual que en otras áreas. Y si bien quizás no lo parezca, cuanto más específica sea tu área de especialización, mejor, porque serás miembro de un grupo muy reducido de personas que pueden ser contratadas para resolver algún problema particular. Por ejemplo, mi amigo Mark es una de las cinco personas del país que entienden un lenguaje de programación antiguo del que (alarmantemente) la mayoría de los bancos siguen dependiendo. Esto significa que prácticamente puede ponerle el precio que quiera a su trabajo, mientras que si buscara empleo como programador generalista independiente, estaría compitiendo en un mercado laboral mucho más profundo con normas más claras con respecto al salario.

Una vez que tienes un trabajo que se presta a la consultoría, la manera más fácil, y extremadamente frecuente, de comenzar es hacer que la empresa para la que ya estás trabajando te contrate como consultor. Pero aparte de ese primer cliente, deberás salir y exponerte. Esto te llevará al inevitable y a menudo incómodo mundo del «desarrollo de negocios»: hablar con otras personas de la industria, demostrar tu conocimiento y hacer saber que estás disponible. Para la mayoría de los trabajos existen agencias y reclutadores que te pueden ayudar a encontrar trabajo, pero no querrás depender de ellos. Con el paso del tiempo, encontrar nuevos trabajos será más fácil, porque conocerás a más colegas con los que hayas trabajado y que puedan mencionar tu nombre cuando surja algo: entre los muchos consultores que conozco, el boca a boca es la manera más frecuente de conseguir trabajo. Quizás esto suene extremo, pero tal vez incluso necesites empezar a usar LinkedIn...

Espero no haber hecho que esta transición suene sencilla, porque es cualquier cosa menos eso: renunciar de manera voluntaria a una fuente de ingresos segura sin saber cuándo te volverán a pagar da miedo. Pero una vez que estés bien establecido, el Nivel 2 es una posición estupenda. Nada te impide permanecer en este nivel para siempre, sin tener que preocuparte por la jubilación como un «evento» único, porque tienes la libertad de regular tu volumen de trabajo conforme a tus niveles de energía y lo que sea que quieras hacer. Pero si estás dispuesto a dar otro salto, puedes graduarte en el Nivel 3: romper por completo la conexión entre el tiempo y el dinero.

Nivel 3: Romper la conexión

El requerimiento central para alcanzar el Nivel 3 es tener la capacidad de ofrecer un resultado de manera que sea completamente independiente de tu propio tiempo.

Por ejemplo, si eres un fisioterapeuta que se especializa en el dolor de hombros, hay un límite para lo que puedes cobrar por cada una de las sesiones en las que clavas el pulgar en el músculo trapecio de otra persona... y un límite para la cantidad de sesiones que puedes hacer por día antes de empezar a desarrollar severas lesiones por un esfuerzo repetitivo.

Pero ¿qué sucedería si pudieras tomar todo tu conocimiento y ofrecerlo en un libro que le permita a otras personas obtener el mismo alivio en su hogar haciendo uso de herramientas simples y siguiendo los pasos que tú indicas? Al hacerlo, estarías rompiendo en gran medida el vínculo entre tiempo y dinero, porque aunque aún necesites promocionar el libro o participar de su distribución, podrías tomarte semanas o meses sin que tus ingresos se vieran afectados.

Incluso podrías formalizar tu «método» específico y enseñárselo a otros fisioterapeutas que paguen por la formación y la licencia para practicarlo. Con el paso del tiempo, podrías ofrecerlo para múltiples sectores y líneas de productos, y contratar equipos específicos que te ayudaran con el marketing, la distribución, las operaciones y las finanzas. Existe un límite —aunque sea muy alto— para lo que incluso el profesional más solicitado (como Paul Rand y su diseño de logos) puede ganar en un año, y solo cierta cantidad de años en los que puede ofrecer el mismo resultado de manera constante. Pero una vez que estás vendiendo un producto que no requiere tu contribución personal, ya no existen esos límites. Lo creas una sola vez y lo vendes infinitas veces.

Hay maneras de romper la conexión tiempo-dinero en casi cualquier sector. Por ejemplo, Rachel Karten gestionaba las redes sociales de algunos de los sitios web sobre comida y recetas más populares. Luego pasó al Nivel 2 y empezó a hacer consultorías independientes sobre redes sociales para ayudar a otras empresas a conseguir los mismos resultados que ella misma había generado como empleada y transmitir su conocimiento para que pudieran seguir haciéndolo una vez que ya no trabajara con ellos. Finalmente, lanzó *Link in Bio*, un boletín informativo de pago y una comunidad privada que enseña esas mismas técnicas a una escala mayor sin que ella tenga que presentarse y trabajar de manera personalizada cobrando por hora. Ese es el Nivel 3. Ahora se estima que Rachel está ganando más de doscientos mil dólares anuales[41], y si quisiera aumentar esta cifra, no necesariamente tendría que dedicarle más tiempo.

O veamos el caso de Ben Collins, un antiguo contable forense. Yo no sé mucho sobre contabilidad, pero sé que involucra muchas hojas de cálculo. Después de renunciar a su empleo, Collins empezó a aceptar trabajos como consultor mostrándoles a las empresas cómo crear una diversidad de tablas para hacer un seguimiento del desempeño en Hojas de cálculo de Google. Dos años más tarde, ofreció ese conocimiento en un curso que las personas pueden comprar en línea[42], lo que significa que Ben recibe dinero a cualquier hora del día y de la noche, incluso cuando está paseando con su familia. Incluso si nunca vuelve a crear otro curso o aceptar otro trabajo como consultor, seguirá cobrando dinero por eso.

En cada uno de estos casos, la competencia en cuestión y el mecanismo de entrega son diferentes, pero el principio fundamental es el mismo: identificar un resultado que tú sabes lograr y que otras personas quieren, y reunirlo de manera que no requiera de tu tiempo cada vez que lo vendes.

Eso no significa que, una vez que creas algo, ya no volverás a trabajar en tu vida: sobre todo al principio, la mayoría de las personas termina trabajando más que nunca para hacer que un negocio de esta clase crezca y se estabilice. Pero hay dos diferencias importantes si comparamos un trabajo igual de arduo en el Nivel 1 o 2. La primera es que el rendimiento financiero de tu tiempo puede ser muchísimo más alto: si trabajas incansablemente hasta bien entrada la noche para crear una iniciativa de marketing que mejore las ventas en un 10 %, seguirás cosechando los frutos de ese aumento del 10 % durante años. Es posible que termines ganando miles de libras por una sola hora de trabajo. La segunda diferencia importante es que puedes hacer esto en el horario que quieras: Ben y Rachel no solo pueden trabajar los días y las horas que les convengan, sino que también pueden tomarse espacios de tiempo libre sin renunciar a sus ingresos ni pedirle permiso a nadie.

Imaginemos que fundas una empresa unipersonal que recibe mil libras por mes (doce mil libras anuales). Es probable que eso no te vaya a cambiar la vida. Pero si suponemos que una inversión financiera en bienes inmuebles o en el mercado de valores te ofrece un rendimiento anual del 5 %, resulta que ese ingreso mensual de mil libras equivale a haber ahorrado e invertido doscientas cuarenta mil libras.

¿Será más rápido y fácil ofrecer un resultado y generar mil libras por mes o llegar a ahorrar casi un cuarto de millón de libras? En lo personal, creo que lo primero, lo que a la vez te ofrecerá un nivel de control mucho más alto. Al recibir ese dinero independientemente de tu tiempo, ¿a quién le importa si al mercado no le va muy bien o si tu casa no aumenta de valor tanto como habías esperado?

Trabaja menos, gana más

Con el objetivo de dejar bien claro el concepto, he hecho que el proceso de romper el vínculo entre tiempo y dinero suene como una progresión simple y predecible. En realidad, no es así. Lo que primero intentes es probable que no funcione. Si trabajas durante años en algo, o saltas de idea en idea sin conseguir que nada funcione, eso es muy normal.

Pero este no es un caso en el que debas escoger entre una u otra cosa: una vez que tengas la capacidad de ofrecer algo que las personas quieran, puedes empezar a trabajar en tu solución de Nivel 3 de manera simultánea con los Niveles 1 y 2. Como inevitablemente hará falta tiempo para resolverlo todo, cuanto antes empieces, mejor, por más que eso solo signifique pasar un par de horas a la semana aprendiendo nuevas competencias, investigando el mercado y dando los primeros pasos. ¿Y si ocurre lo peor y nunca tienes éxito? De todos modos no habrás perdido: las competencias que aprendas al intentarlo te harán una persona más valiosa en tu carrera, así que estarás mejor posicionado que tus colegas menos emprendedores para obtener un aumento de sueldo. Al debilitar de forma progresiva la conexión entre tiempo y dinero —y quizás incluso llegar a romperla por completo—, todas las preocupaciones sobre la jubilación se vuelven irrelevantes. No es necesario escatimar gastos y ahorrar a niveles extremos. Nada de preocuparte por el posible fracaso de tus inversiones. Y tampoco es necesario salirte de la carrera profesional para luego sufrir las desventajas psicológicas de una jubilación que, a decir verdad, no es tan gratificante como esperabas.

3

MITO La manera correcta de invertir consiste en reducir el riesgo lo máximo posible.

REALIDAD No hay una manera «correcta» de invertir: depende de ti hallar la estrategia que coincida con tus motivaciones (incluyendo aquella que los modelos tradicionales ignoran).

3

El mito de la minimización del riesgo

En 2005, Ashvin Chhabra estaba teniendo dificultades para responder a esta cuestión: dado que hacía más de cincuenta años que se conocía la forma «óptima» de estructurar una cartera de inversiones, ¿por qué nadie la aplicaba realmente?

Chhabra era un ejecutivo en el banco de inversiones Merrill Lynch, y más tarde terminaría gestionando el dinero de uno de los inversores más exitosos y uno de los filántropos más grandes del mundo[43]. Desde un punto de vista razonable, muchos de los clientes del banco ya habían ganado en el juego del dinero; y dado que estaban recibiendo asesoramiento profesional, uno podría esperar que sus inversiones fueran un caso de estudio sobre la reducción de riesgos sobria y sensata.

En absoluto. No importa lo sofisticados que fueran estos clientes ricos en lo referente a las finanzas, porque tratándose de dinero seguían siendo igual de emocionales que cualquiera: cuando el mercado estaba en caída, corrían para conservar su seguridad y vender sus activos; cuando el mercado estaba en alza, se volvían codiciosos. Y aunque podían meter su dinero en cuentas de ahorro y vivir de esos intereses, de todos modos seguían corriendo riesgos.

Este no es un trastorno que sufre la minoría rica con esa insaciable sed por más: no escasean las personas que asienten amablemente con la cabeza mientras un asesor financiero les recomienda invertir en una selección de acciones y bonos cuidadosamente elaborada, para después salir corriendo a buscar una casa que renovar y vender con la que ganar dinero rápido.

Esto es así porque, si bien hay una manera matemáticamente «correcta» de invertir, no representa del todo lo que las personas en realidad quieren. Sin embargo, como Chhabra al final descubrió, hay una estrategia de inversión completamente diferente, una que no sugiere que haya una manera correcta de hacerlo, sino que tiene en cuenta que cada inversor está buscando algo diferente.

Las tres motivaciones del dinero

La forma de invertir de manual que Chhabra había aprendido fue desarrollada por Harry Markowitz en 1953. Markowitz, en esencia, usó unas fórmulas matemáticas sofisticadas para calcular cómo un inversor podía maximizar los rendimientos sin correr riesgos inaceptables[44]. En este modelo, «riesgo» equivale a «volatilidad», es decir, fluctuaciones en los resultados de año en año. Según este modelo, apuntar a un rendimiento más alto significa exponerse a una mayor volatilidad (o riesgo), así que cada inversor debería concentrarse en hallar el punto óptimo en el que el rendimiento que recibía era lo más alto posible sin llegar al punto de que el estrés le quitara el sueño. La hipótesis con la que estaba trabajando era que todos los inversores querían que el proceso tuviera la menor cantidad de problemas y que solo correrían riesgos adicionales si fuera absolutamente necesario.

En ese momento, modelar este intercambio en términos matemáticos fue una gran revelación, y le valdría a Markowitz el Premio Nobel de Economía en 1990. Desde su publicación, se ha establecido firmemente como la base de la creación de carteras de inversión profesionales.

Sin embargo, si bien fue una contribución valiosa en el intento por resolver el acertijo de las inversiones, no se acerca ni remotamente a explicar cómo piensan las personas sobre el dinero en el mundo real. Desde luego, la mayoría de nosotros preferiría una inversión cuyo valor creciera de manera constante y predecible en lugar de una que fluctúe de forma confusa en todas las direcciones. Pero la volatilidad no es el único riesgo. ¿Qué hay del riesgo de que tus activos estén inmovilizados y no puedas acceder a ellos cuando quieras? ¿O de que una catástrofe imprevista cause que tus rendimientos se desvíen de manera drástica de los previstos por el modelo y te quedes en la estacada? En el modelo de Markowitz, estos «riesgos a la baja» no se toman en cuenta.

Chhabra notó otra cosa crucial: además del riesgo a perder, existe el riesgo a «no ganar». En otras palabras, los clientes de su banco ya estaban entre los ganadores de la vida (tener tanta riqueza como para necesitar que alguien te ayude a administrarla es la definición de «un buen problema»), y no estaban muy preocupados por la idea de evitar pérdidas. A nivel racional —y el modelo de Markowitz da por hecho que los inversores son racionales—, no necesitaban más que simplemente evitar hacer algo muy tonto y podrían vivir una vida muy cómoda para siempre. Pero así y todo, ellos querían *ganar*.

Esta motivación por «ganar» —el impulso por mejorar la posición financiera, incluso cuando el punto de partida los coloca cómodamente en el 1% más rico— fue lo que Chhabra identificó como la pieza que faltaba en la mayoría de los planes financieros. Y si las personas que ya son ricas quieren ganar, lo mismo debe ocurrir con quienes se encuentran más abajo en la escalera de la distribución de riqueza, donde los resultados tendrían un efecto mucho más directo en sus vidas.

De hecho, Chhabra estableció la existencia de estas tres motivaciones distintas que competían entre sí en la mente de todos los inversores:

- **Protegerse** contra un posible desastre («riesgo personal»).
- **Conservar** el estilo de vida («riesgo de mercado»).
- **Mejorar** el nivel financiero («riesgo aspiracional»).

Estas tres motivaciones no están en orden de importancia: todos las poseen en diferentes grados, e incluso pueden variar en un mismo individuo a lo largo de la vida. La clave está en que, en todo momento, todos las tienen, en mayor o menor medida.

Markowitz se concentró en la segunda motivación: podrías usar su modelo para conservar tu estilo de vida resolviendo el riesgo de mercado de la manera más eficiente posible y, si quisieras algo de protección, podrías conseguirla con efectivo. Lo que tuvo de singular la estrategia de Chhabra fue que reconoció que, para muchas personas, sin importar el nivel de riqueza, el tercer riesgo de no alcanzar sus metas aspiracionales es algo muy real, y necesitaba tenerse en cuenta junto a las otras dos motivaciones.

Esto explica por qué los multimillonarios continúan haciendo inversiones arriesgadas cuando podrían vivir cómodamente sin nunca tener que ganar un centavo más: quieren seguir ganando, y también aventajar a su exclusivo grupo de amistades. Después de todo, ¿cómo puedes soportar vivir con un yate de 18 metros cuando todos tus amigos tienen yates de 25 metros con helipuerto?

El informe que Chhabra hizo sobre su investigación fue citado en artículos académicos posteriores menos de mil veces[45], en contraste con las sesenta y seis mil citaciones del trabajo de Markowitz (y la medalla del Nobel)[46]. Pero yo lo he convertido en la piedra fundamental de mi forma de pensar en las inversiones… y creo que es más importante hoy que nunca.

Durante la era en la que tenías garantizada una jubilación igual a tu último salario y las viviendas eran asequibles, tener ganancias «promedio» estaba bastante bien. Desde luego, a todo el mundo le gustaría ganar más si pudiera, pero estar justo en el medio de la escala de distribución de ingresos te garantizaba poder pagar una casa, irte un par de veces de vacaciones al año y tener una cómoda jubilación. Bueno, digamos que eso reduciría el deseo de los miembros de la sociedad más reacios al riesgo a probar suerte para dar un gran salto hacia arriba.

Pero en los últimos años, la calidad del «promedio» se ha deteriorado: es menos probable que una persona promedio pueda costearse una casa al poco tiempo de haber empezado su vida profesional, que tenga una pensión con fondos adecuados para su jubilación o que sus ingresos basten para mantener a toda la familia.

Por otra parte, tenemos los rendimientos de las inversiones. Desde 1972 a 2019, un inversor con una cartera mixta de 60/40 en acciones y bonos globales habría gozado de un rendimiento anual promedio del 7,5 %, con una desviación estándar —una clásica medida de volatilidad— del 10,3 %[47]. La parte más provechosa de este período coincidió con la era del dinero gratis: entre 2008 y 2020, cuando la mayoría de las tasas de interés globales estuvieron cerca del cero, los rendimientos de las inversiones alcanzaron un máximo de 9,6 % casi sin aumentar la volatilidad.

Pero esa era se ha acabado. Desde 2020 hasta mediados de 2024, el rendimiento promedio de una cartera idéntica cayó al 5,1 %, mientras que la volatilidad aumentó al 14 %[48]. En este nuevo entorno económico, donde es más probable que los rendimientos sean más bajos y que haya menos capacidad de inversión porque el coste de la vida diaria nos deja con poco dinero de sobra, es posible que haya más personas que sientan el impulso de darle más importancia a la motivación de «mejorar». No tienen tanto que perder, y quedarse donde están es mucho menos atractivo que antes. Esto explica por qué tantos jóvenes han estado arriesgándose como si no hubiera un mañana comprando «acciones meme», y quizás eso no sea tan irracional como parece: tal vez vean la brecha enorme que hay entre sus sombrías perspectivas y aquello a lo que aspiran y han decidido que aceptar quedarse donde están es más aterrador que arriesgarse a perder algo de dinero y tener que retroceder todavía más.

Estas son la clase de decisiones difíciles que cada vez más personas deberán tomar. Serán pocos los que puedan invertir lo suficiente para garantizar su seguridad, tener ganancias graduales y seguir teniendo algo de sobra para arriesgarse a ganar en grande. En nuestra nueva era, es más difícil que nunca encontrar el equilibrio entre las tres motivaciones, por eso nunca ha sido más importante entenderlas.

Entender las tres motivaciones

Profundicemos un poco más en cada una de las tres motivaciones. Sin ninguna duda, te sentirás más identificado con una de ellas que con las demás, pero deberías poder reconocerlas todas en ti en cierta medida.

Motivación n.° 1: Protegerse contra un posible desastre

A nadie le gustaría verse obligado a hacer recortes drásticos si pierde el empleo, se enferma o si la economía sufre una caída sin precedentes. En síntesis, nadie quiere que su vida financiera sea frágil: lo que uno quiere es protegerla con un plástico de burbujas para que pueda soportar los golpes a lo largo del camino.

Para algunas personas, un contratiempo podría significar el riesgo de terminar durmiendo en el sofá de un amigo, mientras que para otras, quizás signifique tener que sacar a los niños de una escuela privada. Una de las dos opciones es objetivamente peor que la otra, pero ambas serán dolorosas para esas personas: cualquier reducción del estilo de vida duele, por más que tu punto de partida sea uno de privilegio.

Es por eso que quieres un plan que casi te garantice que estarás a salvo: sacar ventaja sería bueno, pero no si eso involucra el riesgo de una gran caída de la posición en la que te encuentras.

Motivación n.° 2: Conservar el estilo de vida

¿No sería fabuloso abandonar por completo el trabajo sin tener que hacer ningún recorte? Esta es la motivación de conservar tu estilo de vida, incluso si decidieras reducir tu actividad laboral: utilizar el rendimiento de tus inversiones para reemplazar lo que ganas con tu empleo.

Aun cuando hayamos aceptado seguir ganando dinero durante más tiempo sin jubilarnos, a la mayoría nos gustaría al menos tener la opción de dejar de trabajar por completo y seguir disfrutando de la misma casa, las mismas vacaciones y las mismas actividades de ocio que ahora. Y, desde luego, aunque no sea agradable pensar en eso, llegará un momento en el que no podremos seguir trabajando. Así que, de igual modo que queremos algo que casi nos pueda garantizar que estaremos protegidos, también queremos tener una alta probabilidad de poder conservar nuestro estilo de vida cuando seamos mayores: cualquier plan que solo nos asegure un 50/50 sería completamente inaceptable.

Las carteras de inversiones tradicionales, combinadas con la protección de ser propietario de una casa, están diseñadas para hacer que llegues a ese punto de manera lenta, predecible y poco emocionante al ir acumulando rendimientos gradualmente a lo largo del tiempo. Para los profesionales de las finanzas, cuanto menores sean las variaciones en tu patrimonio neto de año en año durante el transcurso de tus inversiones, más exitoso será el plan de inversión.

Estas dos motivaciones son objetivos respetables, y no me imagino a nadie que no quiera cumplir con ambas. Pero como Chhabra descubrió, la mayoría de nosotros aspiramos a algo más.

Motivación n.º 3: Mejorar el nivel financiero

Nadie juega a la lotería pensando «¡ahora sí tengo seguridad!». También quiere mudarse a una casa más grande en un vecindario más bonito, tomarse más vacaciones y comprar cosas más elegantes. Algunos sienten el deseo de mejorar el estilo de vida más que otros, pero son pocas las personas que están del todo conformes con lo que tienen y a las que no les interesaría en lo más mínimo mejorar su vida.

Para ser honestos con nosotros mismos, también queremos mejorar nuestra posición en relación con nuestros pares. El periodista estadounidense H. L. Mencken bromeó que un hombre rico es aquel que gana cien dólares más al año que el esposo de la hermana de su mujer[49] y hay estudios académicos que sugieren que tenía más razón de lo que quizás creyera. La «teoría de la comparación social», desarrollada por Leon Festinger en la década de 1950, describe el hecho de que las personas pobres pueden ser más felices que las ricas si tienen una vida relativamente acomodada en comparación con su entorno[50]. En 2021, Michael Kraus y Jacinth Tan replicaron estos hallazgos al analizar los resultados de estudios con un total de 2,3 millones de participantes[51]. Demostraron de manera concluyente que tener éxito desde un punto de vista objetivo no es suficiente, así como tampoco lo es mejorar a lo largo del tiempo o tener una vida mejor que la de tus padres: para ser feliz, te debe ir al menos tan bien como a tus pares. En otras palabras, todos nos sentimos motivados a subir en la escala de la distribución de ingresos.

Lamentablemente, esto en esencia nos condena a un estado de insatisfacción perpetuo, porque si sospechas que estás rodeado de personas más ricas, más felices y más atractivas que tú, es posible que tengas razón. De hecho, este también es un fenómeno que ha sido demostrado científicamente, en este caso por un par de científicos de redes, Young-Ho Eom y Hang-Hyun Jo. En 2014, ambos presentaron lo que llamaron la «paradoja de la amistad generalizada»[52]. La paradoja es la siguiente: la mayoría de nosotros tenemos una cantidad pequeña de amigos, pero hay otra pequeña cantidad de personas que tienen una cantidad mucho mayor. Las personas que tienen un número de amigos mayor también tienden a ser más adineradas y felices. Como consecuencia, es muchísimo más probable que alguno de nosotros nos encontremos pasando el tiempo con las personas más ricas y felices que con las que se encuentran en el promedio, porque las personas ricas y felices son las que tienden a tener redes más extensas. Y allí es donde comienzan las infinitas comparaciones negativas con nuestros amigos millonarios.

Todo esto significa que el impulso por tener más éxito que tus pares es tan profundo como el deseo de protegerte de algún desastre. Pero si le confiesas a tu asesor financiero que anhelas volar en primera clase o comprar en tiendas de lujo como Harrods, lo más probable es que te redirija hacia una proyección de las tasas de interés de una renta vitalicia y empiece a hablar sobre el seguro de vida.

Esto es en parte porque intentar mejorar tu estilo de vida involucra algún grado de riesgo y, como ya hemos visto, los modelos que ellos usan les dicen que el riesgo solo existe para ser minimizado. También es porque es excepcionalmente difícil asesorar sobre grandes saltos financieros. ¿Por qué es tan complicado? Bueno, existen miles de maneras diferentes de lograrlo, dependiendo de tus competencias y preferencias personales. No puedes solo modificar algunas variables y recomendar un plan que le vaya a funcionar a casi cualquier persona y que venga acompañado de datos históricos que demuestren los buenos resultados que ha dado en el pasado. No hay ninguna garantía de que vaya a funcionar en absoluto: mientras que a las otras motivaciones les exigimos una probabilidad alta de éxito, mejorar nuestro estatus financiero de manera significativa nunca será más que una posibilidad atractiva. Es más, existe el peligro de que, si presionamos demasiado, pongamos en riesgo a las otras dos motivaciones fundamentales.

Así que es comprensible que esta motivación termine siendo ignorada, pero es un problema, porque esa importante necesidad psicológica de esforzarse, mejorar y ganar no está siendo satisfecha. Eso explica por qué no nos cuesta imaginar a alguien asintiendo sabiamente a los consejos más prudentes de *El hombre más rico de Babilonia* para luego abrir su aplicación de inversiones y comprar esas acciones de moda que han sido mencionadas en un grupo de chat. Cualquier persona que tenga la ambición de mejorar su nivel de vida —lo que según mis últimos cálculos incluye a prácticamente a todo el mundo— no tiene otra alternativa que descubrir la solución por su cuenta.

La única decisión sobre tus inversiones que necesitas hacer

Por fortuna, al reconocer y entender estas tres motivaciones que compiten entre sí tenemos la clave para simplificar de manera radical nuestras decisiones de inversión. Eso es porque cualquier inversión que hagas estará al servicio de una —y solo una— de las tres motivaciones.

Por ejemplo, un fondo de emergencia en efectivo satisface la motivación de «protegerse». Una inversión especulativa en una nueva criptomoneda claramente está impulsada por el deseo de «mejorar». La inversión también se vuelve más granular, por ejemplo, una cartera diversificada de inversiones bursátiles cumple con la motivación de «mantener», mientras que poseer acciones de una única empresa con la esperanza de que su valor se dispare responde, sin ninguna duda, a la motivación de «mejorar».

Una vez que empieces a ver el mundo de esta manera, tus inversiones se vuelven casi ridículamente simples, porque toda la complejidad del asunto se reduce a una única decisión: ¿cómo quiero equilibrar cada una de las motivaciones?

Esto es así porque encontrar el equilibrio adecuado entre las tres cajas es mucho más importante que lo que hay dentro de cada una de ellas. Por ejemplo: ¿deberías comprar una casa, invertir en bonos soberanos a corto plazo o simplemente guardar tu dinero en el banco? Bueno, como ya veremos, todos estos activos corresponden a la motivación de «protegerse», así que si esa es la caja que quieres llenar, no importa demasiado cuál de esas opciones elijas. Cualquiera de ellas te convendrá más que comprar una propiedad de inversión con una hipoteca, que entraría dentro de la categoría de «mejorar». Es un poco como elegir entre unas vacaciones en España, Santa Lucía o las Seychelles: quizás prefieras uno de estos destinos a los otros, pero todos serán mejor que Siberia si lo que buscas son unas vacaciones en la playa.

Pero no nos dejemos llevar: solo por haber reducido nuestras inversiones a una única pregunta, eso no significa que vaya a ser fácil de responder. ¿Cómo deberías medir cada una de esas cajas? Yo tengo algunos consejos prácticos para compartir contigo, pero primero vale la pena echar una ojeada a algunos de los factores que debemos considerar.

El primero es tu punto de partida. Cuanto más dinero tengas, más riesgos puedes correr. Un multimillonario podría tener fácilmente el 80 % de sus activos en la arriesgada caja de mejorar. ¿Por qué? Porque invertir el 20 % de, por ejemplo, mil millones (es decir, doscientos millones) en las cajas más seguras sería más que suficiente para mantenerlo a él (y a sus yates) a flote, incluso si todo saliera mal. Eso no quiere decir que todos los multimillonarios deberían correr esta clase de riesgo: empeorar tu situación financiera de manera relativa a lo que era es doloroso aunque sigas siendo más rico que el 99,99 % de las demás personas. El punto es que, cuando empiezas con más, puedes aumentar los riesgos, si es que así lo quieres.

Después está la edad o, para ser más preciso, tu potencial de ingresos. La mayoría de los consejos financieros están adaptados a la edad, y en cierta medida esto tiene sentido. Que el 20 % del valor de tu cartera de inversiones desaparezca por algún infortunio cuando tienes 25 años no es nada divertido, pero si te ocurre a los 65, cuando estás a punto de jubilarte, puede ser catastrófico. Como resultado, las recomendaciones de inversión típicas que recibirás irán empujando tu cartera de valores más lejos de los riesgos a medida que envejezcas. El problema es que este abordaje es un poco simplista. En realidad, lo que importa no es la edad, sino los ingresos futuros.

En pocas palabras, está claro que una persona de 20 años probablemente genere más ingresos futuros que una de 60. Sin embargo, en la realidad, dos personas de 20 años pueden estar en trayectorias financieras completamente diferentes. Si solo nos basáramos en la edad, le darías a ambas el mismo plan financiero, algo así como acumular algunos ahorros («protegerse») antes de hacer inversiones cautelosas y de riesgo bajo («conservar»). Pero resulta que una de estas personas se acaba de licenciar en Medicina. Tiene un potencial de ingresos futuros de millones de libras, así que puede darse el lujo de correr algunos riesgos más agresivos con su dinero. Incluso si lo pierde todo, tiene potencialmente décadas por delante de ganancias altas que asegurarán su recuperación. La otra persona no tiene ningún título y tiene un empleo de salario mínimo. Todavía es posible que termine siendo rico (quizás podría fundar su propia empresa), pero en este momento no puede correr los mismos riesgos financieros.

Desde luego, es posible que nuestra futura doctora no quiera correr esa clase de riesgo. Es allí donde entra en juego el próximo factor: tu miedo a perder versus tu deseo de ganar.

Por ejemplo, lancemos una moneda. Si sale cara, duplicaré todo el efectivo que tengas en tu cuenta del banco en este instante, y si sale cruz, me llevaré la mitad de tu saldo bancario. Es un buen trato en el sentido de que puedes ganar el doble de lo que puedes perder. Pero ¿aceptarías la apuesta?

La evidencia indica que la mayoría de las personas no lo haría, porque están programadas para tener más miedo a perder dinero que entusiasmo por ganarlo. Este fenómeno —«aversión a las pérdidas»— fue demostrado, como todo el mundo sabe, por los economistas conductuales Amos Tversky y Daniel Kahneman en la década de 1990, y a menudo se usa para mostrar que los seres humanos son irracionales y propensos a tener ideas sesgadas cuando se trata de invertir[53]. Sin embargo, solo es aplicable al promedio de gente: la psicología con respecto al dinero varía muchísimo según el individuo.

Puedes ser un multimillonario que corre muchos riesgos o uno temeroso. Un estudiante pobre que corre muchos riesgos o uno temeroso. No hay una actitud correcta o incorrecta: es solo un resultado de cómo funciona tu cerebro y las experiencias de vida que has tenido. Pero vale la pena saber esto, porque si adoptas una estrategia de inversión que no está alineada con tu tolerancia al riesgo, podrías sufrir un estrés infinito.

Cómo tomar esa única decisión

A lo largo de los próximos capítulos, ahondaremos más en los activos que entran dentro de cada una de las tres cajas. Después de eso, estarás mejor equipado para decidir cuánto destinar a cada una de ellas; y cuando lleguemos a eso, volveremos a considerar esta cuestión. Pero vale la pena empezar con una idea general ahora, y en lo personal me gusta pensar esta cuestión en términos de «formas» diferentes, cada una apropiada para una clase de persona y meta de vida.

La pirámide. La mayor proporción de tus inversiones se encuentra en la caja de protección, seguida de la de conservación, y en el extremo de la pirámide solo queda una pequeña porción de la de mejora. Esta es una forma común que suele adecuarse a las personas que se encuentran a gusto donde están. Desean permanecer allí sin arriesgarse demasiado, pero no quieren abandonar por completo la posibilidad de mejorar de manera significativa.

La mancuerna. La seguridad de tener tu propia casa te ofrece una caja robusta de protección y, sabiendo que al menos siempre tendrás un techo sobre tu cabeza, eliges escatimar en eso de la conservación. En cambio, destinas el resto de tu efectivo a activos para mejorar tu estilo de vida con la intención de que estos cambien la situación de manera notable.

La abultada parte central. No eres propietario de una casa (lo que hace que tu caja de protección sea pequeña) y la mayoría de tus inversiones son para conservar lo que tienes, con una pequeña cantidad para mejorar.

La T. Protección mínima, nada de conservación y casi todo destinado a mejorar. No existe nada más arriesgado que esto, y es una estrategia adecuada para alguien que no tiene mucho que perder o que tiene un deseo ardiente por hacerse rico.

Probablemente una de estas estrategias te atraiga más que las otras. Pero si no tienes ni idea de cuál conecta mejor contigo, quizás te resulte útil ir caja por caja.

Empecemos por la de «mejorar». Una buena pregunta que puedes hacerte es: «¿Cuánto riesgo estoy dispuesto a aceptar a cambio de tener la posibilidad de ganar a lo grande?». Otra manera de formularla para que puedas enfrentarte al peor de los casos es la siguiente: «¿Cuánto estaría dispuesto a perder?».

En el otro extremo del espectro, el tamaño de tu caja de protección estará determinado en gran parte por el hecho de tener tu casa, o querer tenerla en el futuro. A menos que ya seas rico (o, para ser más optimistas, «hasta» que seas rico), el valor de tu casa menos el valor de tu hipoteca representará una gran proporción de tus activos. Si estás ahorrando para comprar una vivienda, cualquier efectivo que forme parte de esos ahorros también integrará esa caja de protección, junto con tus fondos de emergencia y ahorros en general.

Como veremos en el próximo capítulo, ser dueño de una vivienda propia no es lo ideal para todo el mundo. Si no quieres ser propietario de tu casa en un futuro cercano, tu caja para protegerte será más pequeña; pero como tendrás menos certezas sobre la situación de tu vivienda, quizás quieras equilibrarla con un fondo de emergencias mayor. Una vez determinadas estas dos cajas, todo lo que resta puede ir a la de «conservar» tu estilo de vida.

Por más importante que sea esta decisión, no conviene darle demasiadas vueltas. De nada sirve reemplazar el estrés de preguntarte

«¿En qué debería invertir?» por el de «¿De qué tamaño deberían ser mis cajas?». Esto siempre será una guía orientativa, más que un objetivo concreto, que estará en constante cambio: puede que esta sea la única decisión que debas tomar con respecto a tus inversiones, pero la tendrás que revisar con cierta regularidad.

Que sea simple

El poder de las tres motivaciones radica en la manera en la que simplifican las inversiones. Incluso si no puedes decidir del todo cómo equilibrar tus motivaciones en este instante, tenerlas como marco conceptual te permitirá evitar gran parte de la complejidad sin sentir culpa.

Y al mundo financiero le encanta arrojarte complejidades encima. Si decides invertir en el mercado financiero a través de un fondo cotizado en bolsa (Exchange Trade Fund, o ETF por sus siglas en inglés), lo que se supone que es la opción «fácil», descubrirás que, por ejemplo, en el Reino Unido hay 1647 alternativas. ¿Y deberías estar evaluando diferentes inversiones basándote en su TAE, APY, CAGR o TIR? Parece que la industria de las inversiones cree que tú sabes y que te importa el significado de todas estas siglas, pero no te preocupes, son pocos los que en realidad conocen su significado.

En última instancia, si el tamaño de tus cajas no es el adecuado, ninguna de estas cuestiones complejas importa: no estarás satisfecho con el resultado porque o bien no llegarás a alcanzar tus sueños, o bien no podrás dormir de la preocupación. Y si estas tienen el tamaño perfecto, no importa que te pases horas estudiando tablas comparativas o intentando descifrar qué diablos es el «ratio de Sharpe», porque con nada de eso conseguirás una mejora significativa.

La trampa está en que saber lo que de verdad quieres y lo que estás dispuesto a aceptar a cambio de eso, aunque duela, es más enrevesado que intentar calcular a mano las ecuaciones que forman la base de la Teoría Moderna de la Cartera de Inversiones. No acertarás del todo y tus preferencias y actitudes cambiarán con el paso del tiempo, pero con tan solo intentarlo, podrás ignorar gran parte del ruido y tendrás más posibilidades de estar satisfecho con la posición en la que termines.

4

MITO Siempre deberías apuntar a comprar tu propia vivienda: el alza de los precios hará que te vuelvas rico y alquilar es una pérdida de dinero.

REALIDAD Tener una vivienda te ofrece protección, pero nada más; y no es una apuesta tan segura como parece a primera vista.

4

El mito de la vivienda propia

Si, al igual que yo, vives en el Reino Unido, entonces seguro que hay un consejo financiero que debes haber escuchado más que cualquier otro. Prácticamente desde el momento en el que empiezas a ganar dinero en tus primeros trabajos, la gente te taladra la cabeza con lo importante que es «ahorrar para comprar una casa». Adquirir tu primera vivienda es considerado un hito crucial en la vida y, lo queramos admitir o no, la mayoría de las personas ven como menos exitosos a quienes están «estancados» pagando un alquiler. Esta obsesión es respaldada por un inusual consenso entre todos los partidos políticos: no importa quién se encuentre en el poder, existe todo un abanico de planes e incentivos fiscales para ayudar a las personas a «acceder a su primera vivienda» y asegurarse de que paguen menos impuestos al vender una propiedad que al vender cualquier otro bien.

Y esto no ocurre solo en el Reino Unido; la vivienda propia también es un elemento central del «sueño americano» (una vez más, apuntalada por varias deducciones impositivas), y también existen planes para apoyar la aspiración de ser propietario en Canadá, Australia y Nueva Zelanda. Incluso en países como Alemania y los Países Bajos, que históricamente han tenido una alta proporción de arrendatarios y ofrecen una sólida protección a los inquilinos, ser propietario de tu propia vivienda es algo cada vez más común.

Es por este motivo que ya me he acostumbrado a que la gente me mire raro cuando les digo que la casa en la que vivo no es mía. Lo primero que suponen es que he perdido la cordura o que en realidad estoy viviendo en la miseria. La sorpresa que muestran no es del todo injustificada: después de todo, soy el presentador de un programa que se llama *The Property Podcast.*

Pero aunque me persigan con horcas hasta el aeropuerto por poner esto por escrito, no estoy convencido de que ser propietario de tu propia vivienda sea tan importante como algunos lo hacen parecer y, de hecho, creo que hay personas para quienes comprar una casa es honestamente una mala decisión. Desde luego, no estoy diciendo que esté mal para todo el mundo: como ya veremos, hay muchos motivos prácticos, emocionales y financieros por los que podría ser la decisión correcta en muchos casos. Mi punto de vista es que, a pesar de los infinitos consejos que dicen lo contrario, comprar tu propia casa no te hará rico. De hecho, como he mencionado en el capítulo anterior, es algo que corresponde a tu caja para protegerse: es posible que la protección que te ofrezca sea increíblemente valiosa, pero no aumentará tu riqueza de manera drástica, como sí pueden hacerlo otras inversiones.

Este no es un mito fácil de desmontar, y sé que mi trabajo no será nada fácil en este capítulo. Así que empecemos por dar un par de pasos hacia atrás y entender con mayor precisión a qué me refiero cuando hablo de la caja de protección.

La singular protección del efectivo

Tu caja de protección es, en esencia, un fondo de emergencias, que tendrás listo en caso de que pierdas tu empleo, de que la economía colapse sin aviso o de que un problema de salud te impida trabajar para ganar dinero. También es importante decir que, incluso si no ocurre ningún desastre, cumple la función de protegerte de posibles noches de insomnio causadas por anticipaciones de un infortunio que te vaya a dejar desamparado.

Está claro que un componente importante de cualquier caja para protegerse es el viejo y aburrido efectivo. De hecho, como sabe cualquiera que haya investigado más de dos minutos sobre finanzas personales, antes de empezar a invertir necesitas haber acumulado un «fondo de emergencia» puramente en efectivo. Este fondo siempre será el núcleo de tu caja de protección y merece estar allí debido a dos características protectoras que solo el efectivo posee. La primera es que puedes recurrir a él de manera inmediata: no es necesario hallar un comprador para tu propiedad, tus acciones u otros activos. Esto significa que puedes usarlo para cubrir contratiempos inesperados en cuestión de horas, como cuando se te avería el coche o debes reemplazar la caldera.

La segunda característica es que tiene un «valor nominal» garantizado en todo momento. Un dólar siempre será un dólar y una libra siempre será una libra. Incluso si los alienígenas nos invadieran y el pánico ocasionara que los mercados de valores, de bonos e inmobiliarios cayeran un 90%, cualquier efectivo que tengas hoy valdrá lo mismo mañana.

Sin embargo, hay un problema: si bien tienes la garantía de que tus cinco libras siempre serán cinco libras, la cantidad de bienes y servicios que puedes pagar con ellas disminuye con el tiempo debido a la inflación. En un mundo ideal, los intereses que obtengas de guardar el dinero en el banco compensarían esta diferencia. Pero, como ya lo hemos visto, durante casi la totalidad de los últimos quince años, la tasa de inflación ha sido más alta que la tasa de interés que suele ofrecer una cuenta bancaria típica. El resultado: puedes poner cien libras en el banco y sacar ciento cinco más adelante, pero es posible que puedas comprar menos con esas ciento cinco libras de lo que habrías podido comprar con las cien libras originales.

Así que, si bien cualquier cantidad de efectivo que guardes no perderá valor «nominal» bajo ninguna circunstancia, es una garantía que, con el paso del tiempo, perderá poder adquisitivo; y cobrar intereses sobre ese dinero puede que no baste para compensar esa devaluación. En otras palabras, la única manera de evitar el riesgo de perder grandes cantidades de dinero es aceptar la certeza de perder una pequeña cantidad de dinero. Sin ninguna duda, así le ocurrió a cualquier pobre ahorrador que apartó algo de dinero en marzo de 2020 y vio perder más del 15% de su valor en 2024, por más que lo hubieran colocado en la cuenta de ahorro con mayor rendimiento que había. Y, como lo vimos en el capítulo 1, es probable que esto siga igual en los años potencialmente inflacionarios que nos esperan.

Con este dilema en mente, ¿de qué tamaño debería ser tu fondo de emergencia? Existen algunas reglas generales sobre esto, por ejemplo, que debe ser equivalente a «seis meses de tu coste de vida», lo que te podría servir para tener un mínimo de efectivo que te convendría tener guardado. Pero la respuesta correcta para ti quizás sea menos que eso o mucho más: todo depende de cómo equilibres tu deseo de protección con las motivaciones opuestas de conservar y mejorar.

Esto se vuelve muy claro cuando observas los hábitos financieros de los multimillonarios, para quienes no existe el riesgo realista de quedarse sin dinero, a menos que hagan alguna estupidez enorme. Si hubiera una respuesta «correcta», uno esperaría verlos hacer lo mismo, pero en realidad sus comportamientos varían muchísimo. Tomemos como ejemplo al emprendedor Noah Kagan[54]. Alguna vez comentó que guarda millones de dólares en efectivo, por más que sabe que nunca los necesitará y que no paran de perder valor. A pesar de eso, le resulta reconfortante ver un número grande en su cuenta bancaria, y lo que gana de sus otras inversiones sigue siendo suficiente para ser más rico cada año.

Otros adoptan un enfoque opuesto. Para Shaan Puri[55], inversor y emprendedor en una situación financiera similar a Kagan, el efectivo es algo muy molesto, porque para él representa una oportunidad perdida. Es consciente de que cuando no lo mueve no está generando ninguna ganancia, y de que al invertirlo puede convertirlo en aún más efectivo, por lo que mantiene el saldo de efectivo del banco lo más bajo posible.

En definitiva, cualquiera que sea tu nivel de riqueza, todos andamos sobre la misma cuerda floja: intentamos mantener nuestra caja de protección lo suficientemente llena como para estar seguros, sin renunciar a hacer inversiones que tengan el potencial de hacernos ganar dinero en lugar de perderlo. Para encontrar el equilibrio justo y estimar la cantidad de efectivo que deberías tener en esta caja, he descubierto que puede ser útil considerar los aspectos prácticos y psicológicos por separado.

En cuanto a lo práctico:

- Estima tu coste de vida básico por mes, es decir, lo que gastas en alimento, alquiler y servicios: las cosas que no podrías recortar con facilidad en caso de necesidad.
- Resta cualquier fuente de ingreso que continuarías teniendo aunque dejaras de trabajar, como tus ingresos por inversiones, seguros, apoyo estatal o cualquier otra cosa.
- Multiplica el resultado por la cantidad de meses durante los cuales no podrías trabajar en el peor de los casos.

Ahora tienes la mejor estimación de cuánto efectivo podrías necesitar realmente. Es importante que esto esté separado de cualquier cantidad que estés apartando para otros propósitos, como el depósito para comprar una propiedad. Si ocurre lo peor, debes poder recurrir a tu fondo de emergencia sin que eso comprometa tus metas de inversión.

Ahora bien, cuando miras ese número, ¿cómo te sientes? Aquí es donde entran en juego los aspectos psicológicos.

- ¿Te parece mucho? En ese caso, ¿podrías recurrir a un descubierto o a un préstamo a precio razonable si fuera necesario? ¿Tienes algún familiar con quien te podrías mudar si necesitaras reducir costos?, y ¿estarías sinceramente dispuesto a hacerlo?
- ¿O no te parece suficiente? Entonces sube la cantidad, pero pon cualquier cantidad adicional en su propia cuenta dedicada. Esta cuenta representa el dinero que podrías elegir invertir en el futuro si tus preferencias cambian, mientras que lo otro sigue siendo un «verdadero» fondo de emergencias que solo puedes tocar en esos casos.

Al igual que con el tamaño de tus cajas en general, la cantidad de dinero en efectivo que quieres (y necesitas) guardar cambiará con el paso del tiempo: esto es algo que deberás reevaluar de manera constante en lugar de tomar una decisión una vez y ya. En contra de lo que la intuición sugeriría, me he dado cuenta de que, a medida que mi riqueza crecía, cada vez guardaba más efectivo (tanto en términos de cantidad como de proporción); es probable que esto se deba a que la diversificación en mis inversiones puede ser incómodamente amplia, lo que hace que tener una base de dinero en efectivo más robusta sea más tranquilizador.

Pero aquí viene un giro inesperado: muchas personas tienen una caja de protección que representa una proporción de su riqueza mucho mayor de lo que creen. Y eso es porque esta no está compuesta solo de efectivo. Si eres propietario de una vivienda, eso también entra aquí.

Por qué tu casa no te hará rico

A primera vista, tu vivienda parece ser el opuesto total de un fondo de emergencias. No tiene un «valor nominal» invariable y es la inversión más ilíquida que existe. Si quieres convertir tu casa en dinero en efectivo, necesitarás meses, no minutos.

Sin embargo, está claro que, como activo, sí posee un valor de protección. De hecho, uno de los principales motivos para comprar una casa es el control que eso te otorga sobre la situación de tu vivienda: incluso pagar una hipoteca se sigue sintiendo más seguro que arrendar. Luego, una vez que hayas terminado con la hipoteca, nadie te puede quitar tu casa.

Pero argumentar que su valor es meramente protector no será una tarea nada fácil. Todos conocemos a personas que tienen una casa desde hace más de veinte años y que han visto cómo se le agregaba un «cero» extra a su valor mientras ellas seguían tranquilas su vida. Esto tiene que ser una excepción a la regla de que cualquier activo solo puede responder a una única motivación: ¿no será que tener una casa protege tu situación de vivienda, pero con el tiempo también mejora tu posición financiera?

Yo no estoy convencido de que esto haya sido realmente cierto alguna vez... y hoy lo es menos que nunca. Imaginemos que has comprado una casa hace veinte años por un valor de doscientas mil libras y que ahora vale quinientas mil libras. Durante este tiempo, también has estado reduciendo gradualmente la hipoteca y ahora ya es tuya por completo. En teoría, esto te ha convertido en una persona mucho más rica. Pero ¿qué significa esto para ti de verdad?

Para empezar, has pasado veinte años ahorrando dinero todos los meses y usándolo para reducir el saldo de tu hipoteca. Si no hubieras tenido una, esos ahorros podrían haberse destinado a inversiones para tus cajas de conservar y mejorar tu estilo de vida. A medida que tu hipoteca se reducía, el único efecto era que estabas más protegido: te estabas acercando de manera constante a la protección máxima de ser el dueño absoluto de esa casa.

Ahora que eres plenamente el propietario, tengo excelentes noticias: tu inversión inicial se ha multiplicado varias veces. Puede que al comienzo solo hayas puesto doscientas mil libras, pero si vendieras tu casa, obtendrías quinientas mil libras. A estas alturas, ¿no se puede convertir esa ganancia en más activos para conservar o mejorar?

Bueno, he aquí el problema: solo lo puedes hacer si vendes la propiedad. Lo más probable es que hayas elegido vivir en tu casa porque te gusta, así que si la vendieras para comprar algo en otro sitio, seguro que elegirías una vivienda con un tamaño, una calidad y una ubicación similares. Entonces, podemos suponer que esa casa costaría más o menos lo mismo que la que tienes ahora, así que gastarías todas tus ganancias y no habrías avanzado nada.

Así que, si bien puede parecer que esta protección adicional es solo temporal y que puede convertirse en activos para conservar o mejorar tu estilo de vida más adelante, eso solo es cierto si te mudas a una casa más pequeña o a una ubicada en un área más barata para que te quede algo de efectivo para invertir en otro sitio. Esto está bien en teoría, pero es algo difícil de poner en práctica. En el Reino Unido, donde los propietarios que viven en su propia casa permanecen allí un promedio de casi diecisiete años, el 30 % de los hogares tienen dos o más habitaciones libres[56]. La historia es muy similar en la mayoría del mundo rico.

Incluso si suponemos que en algún momento quieras mudarte a una vivienda más pequeña o un área más barata, eso no cambia el hecho de que tu hogar solo te protege mientras vives allí. De modo similar, puedes remodelar o mejorar tu vivienda para aumentar su valor, pero el único efecto que tendría esto es una mayor protección hasta que te mudes a una casa más pequeña o menos atractiva. A veces escuchas que hay personas que, cuando se les pregunta sobre la jubilación, responden «mi propiedad es mi pensión», pero eso no tiene sentido: ya sea que tu casa valga cien mil libras o un millón, lo que te ofrece es lo mismo; solo se puede convertir en «tu pensión» si de verdad planeas mudarte a un lugar mucho más pequeño o barato.

Si todavía no estás dispuesto a aceptar que tu hogar no te ofrece nada más que protección, te haré una concesión. Calcula el valor actual de una casa alternativa a la que de verdad considerarías mudarte, ya sea para avanzar en tus metas de inversiones o por tu estilo de vida. Cualquier diferencia que haya entre ese número y el valor de tu hogar actual podría verse como la representación de una potencial contribución futura para tus cajas de conservar o mejorar que simplemente se está resguardando, por el momento, en la de protección. Como ya hemos visto, esta no es una jugada que las personas tiendan a poner en práctica. Pero si, por ejemplo, planeas mudarte a otro país en el futuro o no ves la hora de irte a vivir a un lugar más pequeño una vez que los niños se independicen, quizás esto sí te sirva a ti.

No te confundas: no estoy diciendo que comprar tu propia vivienda sea una mala inversión. En muchos sentidos, es un activo soñado. Te ofrece algo de protección para cuando los precios inmobiliarios aumentan más que la inflación, porque tu hogar y cualquier vivienda equivalente que quieras comprar en el futuro deberían aumentar en una proporción similar. En muchas partes del mundo, los impuestos que debes pagar son mucho más benévolos que con otros activos. Y verdaderamente obtienes una protección muy real y práctica: una vez seas dueño de pleno derecho, nunca más deberás volver a preocuparte por tener un refugio (más allá de pagar los impuestos y hacer el mantenimiento), incluso si no generas ningún ingreso.

De todos modos, es solo una protección, y el nivel de esa protección se limita al coste de alquilar una vivienda equivalente. ¿Acaso importa eso? Después de todo, con frecuencia se considera que alquilar es tirar el dinero a la basura. ¿No es ser dueño de tu casa algo inequívocamente bueno porque, al pagar tu propia hipoteca, te salvas de tener que pagar la de otra persona?

Alquilar no es «tirar dinero a la basura»

Una triste realidad de la vida es que, hagas lo que hagas, no puedes escapar de los costes de la vivienda. Siempre tendrás que reparar y mantener cosas. Siempre tendrás impuestos. Y, lo que es menos obvio, siempre tendrás un coste de oportunidad, esto es, lo que tu dinero podría estar rindiendo si lo invirtieras en otra cosa que no fuera comprar una casa.

Imagina que pagas un depósito de veinte mil libras para comprar una vivienda. Sin ninguna duda, eso es una inversión, pero tiene un coste de oportunidad: si no hubieras usado ese dinero para comprar esa vivienda, podrías haberlo invertido en algo como el mercado de valores, que podría haber hecho crecer el valor de tu inversión y hacerte ganar dividendos.

Luego tienes el pago mensual de la hipoteca. Cada pago que haces está generalmente compuesto de dos partes: una de ellas es una cuota que reduce lo que debes, y la otra es el interés por haber pedido prestado el dinero en un principio.

El componente que corresponde al interés no se diferencia de un alquiler: es un gasto que haces para vivir en tu hogar sin haber pagado por la totalidad de tu vivienda. En lugar de alquilar la propiedad a un arrendatario, estás alquilando al banco el dinero que usaste para comprar la casa.

Puede que parezca que la parte que se usa para pagar la hipoteca podría ser netamente para tu beneficio: un pago de cien libras reduce la hipoteca y aumenta tu patrimonio en esa misma cantidad. Sin embargo, también allí acecha un coste de oportunidad: las cien libras que inviertes en tu hogar también son cien libras que no pueden destinarse a otras inversiones que podrían aumentar de valor y rendir ganancias.

A medida que el tiempo pasa, ese coste de oportunidad crece. Para cuando tu casa llegue a valer un millón de libras, ese coste de oportunidad se habrá hecho enorme: tienes una gran cantidad de dinero atrapado en tu vivienda (sin ofrecerte más beneficios que cuando tu casa costaba cien mil libras), y no puedes invertirlo en ningún otro sitio.

Incluso si ignoramos el coste de oportunidad, alquilar puede resultar más económico que comprar. Entre 2011 y 2020, comprar una casa estadounidense normal con una hipoteca era un 12 % más barato que alquilarla. Pero eso era en un momento en el que las tasas hipotecarias habían alcanzado mínimos históricos. Ahora, según un análisis hecho por *The Economist*, en el 89 % de los condados estadounidenses, es más barato arrendar que ser propietario[57]. Esto no tiene en cuenta el factor del patrimonio que los dueños están aumentando con la vivienda, pero tampoco tiene en cuenta el coste de oportunidad. Si los arrendatarios tomaran el equivalente a un pago inicial y lo invirtieran en otros activos cuyo rendimiento esté al menos a la par con el del mercado inmobiliario, les iría mejor.

Sin embargo, la realidad es que la mayoría de los arrendatarios no están en posición de hacer eso. En el Reino Unido, solo el 54 % de los arrendatarios tiene alguna capacidad de ahorro, comparado con el 71 % de los dueños con una hipoteca y el 86 % de los que son propietarios totales[58]; mientras tanto, la media del patrimonio neto del arrendatario promedio de Estados Unidos es de seis mil trescientos dólares, mientras que la del propietario promedio es de 255.000 dólares[59]. Existen múltiples motivos para esto, entre ellos que los propietarios tienden a ser mayores, así que han tenido más tiempo para acumular riqueza, y que el hecho de que pudieran hacer el pago inicial ya sugiere que es posible que hayan comenzado desde una mejor posición financiera. Pero más allá de cuál sea la razón, esta diferencia notable nos sirve para explicar en gran parte por qué las personas a menudo dan por hecho ciegamente que ser propietario es siempre mejor: ven dueños de viviendas que tienen una excelente posición económica y arrendatarios que no tanto, y suponen que lo que hace la diferencia está en la propiedad. Sin embargo, si un arrendatario hubiera comenzado con la misma cantidad de capital que el propietario y hubiera elegido invertirla en otro sitio, una parte significativa de la diferencia desaparecería.

Hay otro motivo por el que muchos suponen que ser dueño siempre es mejor y es que las personas que no dejan de hablar maravillas sobre la importancia de comprar tu primera casa se han beneficiado enormemente de ser propietarias del lugar en el que viven. Pero eso podría deberse a que, sin saberlo, han estado viviendo en un período muy atípico de la historia mundial.

El fin de los «precios de la vivienda fuera de control»

No debería sorprendernos que las personas tiendan a ver su casa como un fuerte motor para la creación de riqueza, ya que, en muchas partes del mundo, los precios de las propiedades han aumentado a gran velocidad en las últimas décadas. Esto ha hecho que se generalice la percepción de que «el valor de la propiedad siempre aumenta»: la gente sostiene que nunca es una mala decisión, y que de hecho deberías hacer todo lo posible para comprar tu primera propiedad antes de que los precios estén cada vez más lejos de tu alcance.

Pero si te detienes a pensarlo durante un momento, ¿por qué debería ser así? No es porque cada vez sea más caro construir casas: en todo caso, las nuevas tecnologías deberían permitir una mejor calidad por menos precio. ¿Es que la demanda es cada vez mayor debido al aumento de la población y de las actitudes negativas de movimientos locales de resistencia a usos de los terrenos para determinadas actividades, como NIMBY (siglas del movimiento 'No en mi patio trasero') o su equivalente en el Reino Unido SPAN ('Sí, pero aquí no'), que evitan que la demanda se satisfaga? Esto es en parte cierto, pero si miras la tendencia de los precios en ambos países, verás que no hay casi ninguna relación con lo mucho o poco que crece la población en un momento dado.

Por el contrario, es fácil ver por qué las acciones de una empresa podrían aumentar su valor: con el paso del tiempo, aprenderás a vender productos de manera más económica y eficiente. Incluso puedes ver por qué algunos activos en gran parte improductivos, como el oro y el bitcoin, aumentan de valor: la oferta tiene un límite real, así que cualquier incremento de la demanda hará que el precio suba. Pero ¿y las casas? Ninguna de estas razones es aplicable a ellas. Y resulta que, durante largos períodos de tiempo, su valor no ha aumentado. O al menos no lo ha hecho si tenemos en cuenta la inflación.

Si hubieras comprado una casa en Estados Unidos en 1890, veinticinco años después su valor habría aumentado menos que la tasa de inflación[60], es decir, que podrías haber guardado tu dinero en una cuenta bancaria con un rendimiento igual a la tasa de inflación y te habría ido mejor que si hubieras comprado la casa. Lo mismo si la hubieras comprado en 1920: teniendo en cuenta los valores ajustados a la inflación, en 1945 no serías más rico. De igual manera, si la hubieras comprado en 1950 tendrías un poco menos de dinero en 1975.

Incluso entre 1975 y 1995, los precios de la vivienda ajustados a la inflación no se movieron. Esto parece difícil de creer en un principio porque el valor nominal de las casas se disparó: una vivienda familiar típica que en 1970 habría costado veintitrés mil dólares[61], en 1995 costaría ciento treinta mil. Sin embargo, si profundizas en los datos, verás que todo ese incremento se debe a la inflación.

Pero entonces algo cambió: durante los veinte años transcurridos entre 1995 y 2020, el precio de la vivienda aumentó un 60%, incluso después de restar el efecto de la inflación. Y luego siguieron subiendo hasta alcanzar el 100% en 2022. En el Reino Unido pasó algo similar: de 1975 a 1995, al quitar el efecto de la inflación, los precios de las propiedades eran prácticamente los mismos. Pero entre 1995 y 2020, aumentaron un sorprendente 116%.[62]

Esta veloz subida de los precios de las viviendas nos parece normal porque eso es lo que todos hemos vivido en estos últimos tiempos, pero desde un punto de vista histórico es muy inusual. Entonces, ¿qué es lo que cambió?

En pocas palabras: una tendencia a la baja de las tasas de interés a largo plazo. A comienzos de la década de 1990, la tasa de interés de Estados Unidos era del 8,25%; al comenzar la década de los 2000, era del 5,5%[63] y a principios de 2010, era del 0,25%. En el Reino Unido, el patrón fue el mismo: efectivamente, al principio de los 90, las tasas alcanzaron un máximo del 15%; cuando comenzó el nuevo milenio, habían caído a un 5,5%, y para 2020 habían llegado a un mínimo histórico de 0,1%[64]. Uno de los conceptos más básicos de la economía es que, cuando las tasas de interés caen, los precios de los activos aumentan. Es decir, cuando es más barato pedir prestado dinero, hay más personas que están dispuestas a hacerlo y que pueden comprar más activos, lo que hace que los precios suban. En el caso de las viviendas, unas cuotas hipotecarias más baratas significan que puedes permitirte pedir un préstamo mayor... y los vendedores lo saben, así que los precios tienden a aumentar.

Así que si conoces a alguien que haya visto cómo el valor de su propiedad se ha disparado por las nubes desde los 90 (o, en algunos casos, desde los 70) es porque se ha beneficiado de dos factores. El primero es una muy atípica baja de las tasas de interés a lo largo de varias décadas, lo que le ha dado un enorme empujón a los precios de las casas, incluso teniendo en cuenta la inflación. Desde luego, las tasas de interés se han ajustado al alza desde el mínimo histórico que alcanzaron en 2020, así que existe la posibilidad de que caigan de nuevo y le vuelvan a dar un empujón a los precios de los bienes. ¿Puede haber otro cambio de esa magnitud y duración? Yo no apostaría por eso. Parece más probable que esto haya sido una anomalía de esas que ocurren una vez por siglo, solo que ha perdurado tanto tiempo que terminamos sintiéndolo como normal.

El otro factor es simplemente la inflación: una casa cuesta más hoy de lo que costaba hace veinte años, pero lo mismo ocurre con un cartón de leche. Sin embargo, a diferencia de la leche, uno tiende a comprar una casa haciendo uso de una deuda, en este caso, la hipoteca. Esto significa que, en lugar de ser solo una variable que hay que corregir, la inflación es un regalo absoluto para los propietarios.

Imagina a alguien que compró una casa en 1975 en el Reino Unido y que se quedó con ella hasta 1995, un período en el que, como ya hemos visto, si ajustamos los precios a la inflación, el precio de la casa no aumentó casi nada. Pero el precio nominal, el precio al que podría venderla, aumentó un 391%[65]. En otras palabras, una casa de cien mil libras terminaría valiendo un poco menos de quinientas.

Pero he aquí la magia: imagina que has comprado la propiedad con veinticinco mil libras propias y una hipoteca para cubrir las otras setenta y cinco mil libras. También has conseguido negociar condiciones en las que solo debías pagar el interés, sin que fuera necesario pagar el saldo del préstamo. Después de veinticinco años tu préstamo de setenta y cinco mil seguiría siendo un préstamo de setenta y cinco mil libras. Pero ese patrimonio inicial de veinticinco mil se habría inflado hasta llegar a las cuatrocientas veinticinco mil libras.

Este es el motivo principal por el que me entusiasma tanto la inversión inmobiliaria: puedes pedir prestadas enormes cantidades de dinero que permanecen estáticas siempre que pagues los intereses y usarlas para comprar un activo que, a largo plazo, suele aumentar su valor por lo menos tanto como la inflación[66]. No solo eso, sino que, mientras tanto, puedes cobrar un alquiler.

Pero recuerda: esto solo funciona así para las propiedades de inversión, las cuales, en caso de estar usando una hipoteca, entrarían dentro de la caja de mejorar (esto lo veremos más adelante). Si bien tu casa propia se beneficia del mismo efecto, ese aumento del valor relacionado con la inflación no te ofrece ningún beneficio práctico hasta que la vendas para comprar algo más pequeño o barato.

Así que, dado que los precios de la vivienda fuera de control son una anomalía histórica impulsada por una tendencia que ahora se ha revertido, y dado que el crecimiento general de los precios de las propiedades vinculado a la inflación solo es favorable en el caso de las propiedades de inversión (a menos que estés listo para hacer un cambio de vida significativo), llegamos a la gran pregunta: ¿de verdad deberías tener una casa en tu caja de protección?

¿Deberías comprar tu propia casa?

Solo porque ser dueño de una vivienda en las últimas décadas puede haber sido un negocio inusualmente bueno, eso no significa que sea un mal negocio en otros momentos. Lo cierto es que, además de las ventajas financieras, comprar también tiene ventajas prácticas y emocionales. En muchos países, los arrendatarios carecen de seguridad, no pueden ni siquiera pintar una pared sin pedir permiso, y además existe esa sensación de estar en un lugar al que, siendo «tuyo», es difícil asignarle un valor monetario.

Aun así, en gran parte del mundo, el éxito financiero se equipara con el tener una casa a un nivel que es sinceramente de escasa utilidad. Hay varias situaciones en las que tiene sentido seguir alquilando durante más tiempo, y estas suelen reducirse a una necesidad de tener más flexibilidad que estabilidad.

Por ejemplo, para muchos jóvenes, la posibilidad de mudarse para aprovechar nuevas oportunidades laborales es una ventaja, pero como vender una casa lleva al menos un par de meses, ser propietario te ata a un área geográfica y limita tus opciones. Lo mismo ocurre en los momentos en los que tu situación familiar todavía no es estable: si te has comprado un apartamento y tres años después quieres mudarte a una vivienda más grande con tu pareja para formar una familia, el coste de la transacción sería enorme. Como regla general, comprar una casa en lugar de alquilarla solo tiene sentido si tienes la certeza de que querrás vivir allí al menos los próximos cinco años, o mejor diez, lo que permitirá que el impacto de la transacción inicial se distribuya a lo largo de un período extenso.

Si quieres estabilidad y sabes que estarás en un sitio a largo plazo, comprar sería una decisión práctica. Pero ahora que estamos viviendo en un momento en el que ahorrar, para la persona promedio, es más difícil que nunca, hacerlo sigue teniendo algunas consecuencias incómodas. Si pudieras beneficiarte de la protección que te ofrece ser propietario sin dejar de llenar tus otras cajas, lo harías, pero esto es difícil de lograr. En la práctica, a la mayoría no les queda nada después de pagar la hipoteca, lo que significa que cada vez acumulan más y más protección, pero poco de todo lo demás.

Hay otra desventaja de estar en la posición de «aspirante a propietario», y es que mientras ahorras para pagar el depósito, necesitas mantener ese dinero en efectivo. Como ya hemos visto, esa es la única manera de asegurarte de su valor en el momento en que lo necesites. Y mientras estás destinando tus ahorros a guardar efectivo en la caja de protección (que más tarde se convertirá en valor para tu patrimonio, aunque seguirá en ese mismo contenedor), ese efectivo no puede usarse para hacer crecer tus inversiones en las cajas más gratificantes de conservación y mejora. Si necesitas cinco años para ahorrar lo suficiente, esos serán cinco años durante los cuales, en el mejor de los casos, tus ahorros seguirán a la par de la inflación… y durante los cuales no verás las ganancias a largo plazo que verías si los hubieras estado volcando poco a poco en otras inversiones, como el mercado de valores.

No hay una respuesta fácil a la disyuntiva de «compra o alquiler»: cuando se trata de tu hogar, hay en juego todo un conjunto de consideraciones personales y financieras interrelacionadas que, incluso teniendo muy claro cómo será el futuro y haciendo uso del modelo financiero más complejo del mundo, hace que sea imposible saber con certeza absoluta cuál sería la opción indicada. Desde luego, yo no puedo saber qué es lo mejor para ti, y no intento quitarte la idea de tener tu propia casa, solo te estoy alentando a explorar la pregunta en lugar de que creas a pies juntillas el mito de que ser dueño de una casa es siempre la mejor elección y de que confíes en que eso te hará rico.

Podemos sacar tres conclusiones de todo esto. La primera es que no debes dar por hecho ciegamente que comprar una casa lo antes posible es siempre lo mejor. Es probable que cualquier persona que te diga eso no se dé cuenta de que está basando esa creencia en un período histórico muy inusual. La segunda es que no hay ninguna prisa: las personas a menudo creen que deben comprar su primera casa tan pronto como puedan porque ven que los precios aumentan y les preocupa que estén cada vez más y más lejos de su alcance. Pero, la mayoría de las veces, esos precios solo aumentan según la inflación, así que si tus ahorros y salario le siguen más o menos el ritmo, en realidad no estarán cada vez más lejos. Y la tercera conclusión es que, de ser posible, lo mejor es no destinar tanto dinero a la compra de la casa más costosa que te puedas permitir a la primera de cambio para no quedarte sin nada para hacer otras inversiones. Existe una alta probabilidad de que ser dueño de una casa termine siendo la decisión correcta para ti, pero quizás prefieras encontrar cierto equilibrio y llenar a la vez tus cajas de conservación y mejora de tu estilo de vida, por más que eso retrase unos años la compra de tu casa.

Al fin y al cabo, todo el mundo sabe que es fundamental empezar a hacer inversiones lo antes posible por lo potente que es el efecto acumulativo a lo largo del tiempo. ¿O será que no es así?

5

MITO Los intereses compuestos son la octava maravilla del mundo: harán que incluso las inversiones más pequeñas se conviertan en grandes riquezas.

REALIDAD Es posible que los rendimientos futuros te decepcionen y que su crecimiento requiera décadas, así que pon tus inversiones básicas en piloto automático y busca rendimientos más altos.

5

El mito de los intereses compuestos

Imagina que tienes un grano de arroz. Duplícalo para tener dos. Duplícalos para tener cuatro. Ahora sigue duplicándolos otras sesenta y una veces. ¿Cuántos granos de arroz tienes?

La respuesta correcta, para alegría de cualquiera que tenga ganas de comer un *risotto*, es más de dieciocho trillones de granos.

O imagina que tienes una hoja de papel y, de alguna manera (haciendo uso de una fuerza sobrehumana), lo pliegas por la mitad unas cuarenta y dos veces. ¿Qué altura tendría ese papel plegado? Por la manera en la que he planteado la pregunta, seguro que esperas que el número sea sorprendentemente grande, aunque quizá no esperes que sea tanto como para que llegue a la Luna.

Todo esto es perfecto para una noche de Trivial en el bar, pero ¿qué tiene que ver con el dinero? Bueno, no encontrarás ninguna inversión que no sea un esquema Ponzi que duplique tu dinero todos los años con regularidad como si se tratara de estos granos de arroz, pero la lógica es la misma. Empiezas con cien libras y ganas, por decir algo, un 5 % sobre ese valor anualmente. En el primer año, esto te genera 5 libras. Al siguiente, ganas el 5 % de tus ciento cinco libras, lo que significa que recibes 5,25 libras. Y así sucesivamente. Si vives el tiempo suficiente, terminarás por succionar todo el dinero del universo hasta que tu cartera empiece a tener su propia fuerza de gravedad. O, desde un punto de vista más prosaico, si inviertes quinientas libras todos los meses durante treinta años, terminarás con 416.000 libras (si suponemos un interés del

5 %), de lo cual más de la mitad provendrá de los intereses compuestos en lugar de tus propias contribuciones.

Como resultado, hay toda una generación de inversores que ha estado escuchando que, a largo plazo, la clave para tener una vida próspera es muy simple: los intereses compuestos que crecen de manera exponencial. En su aclamado libro sobre inversiones *El pequeño libro para invertir con sentido común* (2007), John C. Bogle dice: «Cuando tienes una cartera de valores ampliamente diversificada y la conservas a largo plazo, los intereses compuestos hacen su magia y convierten incluso las inversiones más modestas en una riqueza considerable». En *La bolsa o la vida* (1992), Vicki Robin y Joe Dominguez presentan un tema similar: «Invertir tu dinero sabiamente para que genere un rendimiento constante e intereses compuestos es el camino más seguro para alcanzar la independencia financiera». La popular plataforma de inversiones Nutmeg los describe como un «milagro»[67], e incluso muchos dicen que el mismo Albert Einstein los llamó la octava maravilla del mundo (aunque no hay evidencia de que en verdad lo haya dicho).

Es cierto que la acumulación de intereses compuestos es una fuerza poderosa, pero su capacidad de transformar tu vida se ha sobrevalorado peligrosamente. Al leer ese consejo, puedes quedarte con la idea de que lo único que necesitas para conservar tu estilo de vida actual es invertir con regularidad en activos financieros básicos y que, siempre que hayas comenzado a invertir lo suficientemente temprano, el milagro de la capitalización se encargará de tu futuro.

Mejor piénsalo dos veces. Si bien no hay duda de que los intereses compuestos serán fundamentales para los resultados a largo plazo de tu caja de conservación, tener demasiada fe en ellos podría hacer que te llevaras una decepción enorme sin tiempo suficiente para reaccionar.

Por qué los intereses compuestos no te salvarán

Si te hace ilusión la idea de pasarte las últimas décadas de tu vida entre viajes en cruceros de lujo y tardes en el campo de golf, bajo ninguna circunstancia busques en Google nada relacionado con las jubilaciones, porque encontrarás que la situación actual es descrita con expresiones como «una pista de esquí hacia la perdición»[68] o «un choque automovilístico a cámara lenta»[69].

Esto no siempre ha sido así. Como vimos en el capítulo 2, hubo un momento en el que la norma era que los trabajadores anticiparan jubilarse con un ingreso garantizado todos los años hasta el final de su vida basado en el salario final y en la cantidad de años que habían trabajado. En el caso de una carrera profesional típica de cuarenta años, la persona podía navegar por el Caribe con el mismo ingreso anual que había tenido en el momento de mayores ganancias sin preocuparse en lo más mínimo de haber ahorrado lo suficiente ni por lo que los mercados fueran a hacer a continuación. Pero hoy en día, casi todos los esquemas de esta clase han cerrado sus puertas a nuevos miembros. Si quieres mantener la vida que tienes ahora sin tener que trabajar, deberás adoptar otra estrategia.

La manera convencional de lograrlo es hacer inversiones a una edad más temprana con la esperanza de que, con el paso del tiempo, crezcan hasta convertirse en un fondo sustancioso que puedas usar cuando lo necesites. Para la mayoría, esto implica llenar su caja de conservación: comprar una serie de inversiones que irán acumulando más valor con el paso del tiempo, lo que les permitirá disfrutar del mismo estilo de vida que tienen ahora al jubilarse.

Esta tarea es abrumadora por dos motivos. El primero es la responsabilidad de elegir por tu cuenta en qué deberías invertir. De alguna manera, tú, que no tienes ninguna pericia particular en el asunto, debes elegir una serie de activos que te permitan alcanzar tu meta. Y no es poco lo que hay en juego: si fallas en tu papel como gestor de fondos aficionado, el precio que deberás pagar será quedarte sin dinero con el que vivir. Por fortuna, evitar este destino no es tan difícil como parece en un principio, aunque la receta ideal ha cambiado. (Esto lo trataremos en el próximo capítulo).

El segundo motivo es la gran cantidad de dinero que debes acumular. Imaginemos que todavía no estás del todo convencido de que romper la conexión tiempo-dinero sea para ti, y prefieres pecar de precavido y acumular lo suficiente antes de cumplir 67 años, y vivir tranquilo con la cifra que la asociación británica de pensiones y ahorros define como una «cómoda» pensión de jubilación de 43.100 libras[70]. Si introduces esto en una calculadora de jubilación descubrirás que, para que alguien en el Reino Unido califique para recibir el apoyo completo del Estado, esto requeriría un fondo de jubilación de más de seiscientas cincuenta mil libras[71]. Cualquier persona que tenga mayores aspiraciones, o que viva en un país con menos asistencia estatal, necesitaría acumular mucho, mucho más. ¿Cómo diablos se supone que puedas ahorrar algo semejante si además tienes que comprar una casa, posiblemente criar hijos y tener en general una vida que valga la pena?

Al enfrentarnos a una tarea de apariencia imposible, es tentador tirar la metafórica toalla, concentrarse en el presente y hacer a un lado cualquier pensamiento de cómo gobernar tus últimos años. Es por eso que, para ofrecer la suficiente esperanza y motivar a las personas a actuar en lugar de rendirse, surgió una nueva religión inversora: de los intereses compuestos.

Quiso la suerte que las últimas décadas fueran más amables con quienes aprovecharon esta clase de intereses. Como ya exploramos en el capítulo 1, la baja estructural a largo plazo de las tasas de interés favoreció al mismo tiempo a las acciones, los bonos y las inversiones inmobiliarias. Esto dio lugar a una fuerte tasa de crecimiento de la mayoría de las carteras de inversión, lo que permitió que los intereses compuestos hicieran su magia más rápido. Al mismo tiempo, apenas si fue necesario pensar en la inflación durante décadas: los bancos centrales hablaban de una «gran moderación», mientras sus astutas manipulaciones de las palancas monetarias hacían que la inflación desapareciera para siempre. ¿El resultado? Los activos estaban acumulando intereses compuestos a gran velocidad y podías estar seguro de que la inflación no te iba a quitar una parte muy importante de tus estándares de vida futuros.

Pero todo eso ha cambiado y ya se empiezan a ver las grietas en el culto a los intereses compuestos. Como ya hemos visto, lo más probable es que el futuro esté definido por brotes volátiles de inflación que quizás lleguen a un promedio más alto que la tasa de interés. Esto es un problema para quienes den por sentado que el valor de sus inversiones crecerá al mismo ritmo que con el que venían haciéndolo.

Una inflación más alta ya sería bastante malo: esa cifra de seiscientas cincuenta mil libras supone que la tasa de interés promedio es del 2,5 %. Si la inflación termina siendo más alta, entonces esa suma deberá ser lo suficientemente más grande como para no quedarse atrás.

Mientras tanto, el fin del «dinero gratis» hace que las cosas sean todavía más complicadas: ahora que las tasas de interés ya no están en una baja constante, no existe ninguna fuerza estructural que suba el valor de todo al mismo tiempo. Es imposible decirlo con certeza, pero parece muy probable que la tasa de rendimiento general de la mayoría de las inversiones será menor en las próximas dos décadas de lo que ha sido en las dos últimas.

Si escuchas a la nueva generación de *influencers* o creadores de contenido financiero que han ganado fama desde 2020 y cuyas observaciones no han sido demasiado útiles, no te vas a enterar necesariamente de todo esto. De pronto, en lugar de tener una conversación seria con un profesional, cada vez hay más personas cuyas opiniones sobre las inversiones se ven moldeadas por cuentas influyentes en TikTok e Instagram. Por sorprendente que esto suene, hay vídeos que explican el concepto de los intereses compuestos que han acumulado decenas de millones de visualizaciones.

¿Cómo es posible que una mayor conciencia del poder de la inversión sea algo malo? El problema es que la mayoría de estos creadores de contenido reciben una compensación cuando alguien se suscribe a una cuenta para invertir. Esto significa que, para hacer que las personas actúen y poder cobrar ellos, les conviene hacer que las ganancias que puedes recibir de esas inversiones suenen lo más atractivas posible. Como resultado, estos creadores de contenido se han aferrado al hecho (cierto) de que el mercado de valores de Estados Unidos ha tenido un rendimiento anual promedio del 10 % en los últimos cien años y han usado este dato para demostrar la alucinante riqueza que podrías tener con tan solo invertir y ver cómo tu dinero acumula un interés compuesto del 10 % anual.

Por más que deteste arriesgarme a desinflar el entusiasmo de alguien por las inversiones, esta lógica posee una serie de fallos peligrosos.

Para empezar, la historia nos dice que es casi inaudito que un país esté a la cabeza siglo tras siglo. Si Estados Unidos no va a seguir siendo el mayor ganador global durante toda tu vida inversora, ¿te sientes seguro de poder identificar anticipadamente al nuevo ganador para invertir tu dinero allí en lugar de en Estados Unidos? E incluso si pudieras hacerlo, ¿te sentirías tranquilo poniendo todos tus huevos en esa cesta, sabiendo que los mercados de valores tienden a desplomarse (definido como una caída de más del 30%) cada doce años?[72]

Imaginemos que no, así que eliges diversificar, es decir, que distribuyes todos tus huevos en diferentes cestas. Por definición, no todas esas inversiones serán siempre las mejores, así que al renunciar al arriesgado sueño de elegir a un único y más grande ganador, es posible que te estés conformando con un rendimiento del 7% en lugar del 10%.

A partir de allí, la situación no hace más que empeorar, porque esa cifra del 10% no contempla la inflación, ni tampoco lo hace ese 7% al que nos hemos rebajado a regañadientes. Algunos de esos rendimientos solo te permiten quedarte donde estás: si la inflación es del 2% anual, en «términos reales» (es decir, después de descontar la inflación y permitirnos pensar en el dinero actual), solo estamos recibiendo un rendimiento anual del 5%.

De todos modos, yo seguiría considerando todas estas presunciones como optimistas, pero no quiero deprimirte todavía más... porque la diferencia entre los intereses compuestos de un teórico 10% y un 5% más realista es enorme. Si empezaras con cien mil libras y cobraras un interés compuesto del 10% durante treinta años, terminarías con apenas menos de dos millones de libras. Entonces, si tomamos una tasa del 5%, ¿debería ser la mitad: un millón? No, porque por la manera en la que funcionan los intereses compuestos, solo terminarías con unas quinientas mil libras.

Con el efecto combinado de un mundo financiero cambiante y unos supuestos un poco más realistas, los intereses compuestos empiezan a perder parte de su magia. Lamentablemente, no es ahí donde terminan las desventajas.

Los milagros requieren tiempo

Supongamos que, cuando tienes 20 años, estás ganando treinta mil libras anuales y sigues el consejo típico de invertir el 10 % de tu salario. Cada año, tu salario aumenta un 5 %, así que diligentemente aumentas también la cantidad que ahorras en otro 5 %.

Asimismo, tus inversiones tienen un rendimiento del 5 % anual. Y para no complicarlo más, imaginaremos que este rendimiento del 5 % lo es después de haber considerado la inflación, de modo que cuando veamos la cantidad de dinero que recibirás en el futuro, veremos que te servirá para comprar la misma cantidad de cosas que hoy.

El primer año inviertes tres mil libras y obtienes un rendimiento de ciento cincuenta. ¡Qué poco!, dirás. Pero algo asombroso habrá sucedido para cuando cumplas 60: que tus inversiones estarán teniendo un rendimiento de cuarenta mil libras anuales. En total, tu inversión de tres mil habrá crecido a 844.252 libras, de las cuales menos de la mitad corresponderán al dinero que tú has invertido, y la mayor parte provendrá de los intereses.

Esto parece beneficio sorprendente: ahora todos los años tu dinero genera más que tu salario inicial sin requerir ningún esfuerzo de tu parte. Y todo esto está basado en un nivel muy modesto de contribuciones.

Entonces, para cuando tengas 70 años, todo será estupendo. Pero veamos cómo estaría la situación a la mitad del recorrido, cuando tengas 40 años, después de haber estado ejecutando diligentemente este plan durante dos décadas.

A estas alturas, estarás aportando 7580 libras anuales teniendo un salario anual de ciento cincuenta mil libras y estarás recibiendo 7484 libras en intereses. Si te detuvieras en este punto, nada especial habría ocurrido: tendrías un fondo de inversión de 161.359 libras, de lo cual más de cien mil libras —dos tercios— corresponderán al dinero que tú mismo has puesto allí. Si después de veinte años decides que la vida corporativa no es para ti, o debes dejar de trabajar por cuestiones de salud o por alguna situación familiar, esas 7484 libras que obtienes de la inversión no serán suficientes para compensar la falta de ingresos.

De modo similar, ¿qué ocurriría si no hubieras empezado a la edad de 20 años y hubieras hecho tu primera inversión a los 40? Esa es una situación muy frecuente, dado que muchas personas empiezan a ganar dinero más tarde, deben saldar deudas, están ocupadas destinando dinero a la caja de protección para ahorrar y comprar una casa, o simplemente tienen cosas más emocionantes que hacer en su tiempo libre que aprender sobre finanzas personales, así que nunca se les ocurre empezar a invertir. La buena noticia es que, como estarías empezando con un salario más alto, quizás puedas apartar más dinero, pero de todos modos seguirías teniendo los mismos 20 años con los que trabajar, que como hemos visto apenas es suficiente para empezar a aprovechar los intereses compuestos.

Estos ejemplos demuestran la desafortunada realidad de los intereses compuestos y es que sus beneficios se concentran al final de la vida. Durante las primeras décadas, una parte enorme del crecimiento en tus inversiones provendrá de tus propias contribuciones, y solo será más tarde cuando los «intereses sobre los intereses» empiecen a acumularse de manera significativa. Sorprendentemente, en nuestro ejemplo de los 20 a los 60 años, un cuarto del rendimiento de la inversión terminó acumulándose solo en los últimos cinco años. Es por esto que Warren Buffett consiguió el 99% de su riqueza después de cumplir 65 años[73], si bien para ese momento ya había estado generando intereses compuestos durante cuarenta años, y siguió haciéndolo durante casi treinta más. Si quieres volverte realmente rico con los intereses compuestos, es hora de que empieces a tomar tus vitaminas.

Así que, por más que empieces a invertir en cuanto termines de estudiar, no notarás los resultados hasta tener 50 años o más. Durante todo ese período de tu vida en el que más puedes disfrutar de las experiencias que cuestan dinero y cuando las finanzas están más sobrecargadas si estás criando una familia, el dinero que esté generando intereses compuestos en segundo plano no te servirá para nada. Luego, justo cuando llegues a la edad en la que los gastos suelen reducirse —porque ya has terminado de pagar la casa, los niños se han ido y te motivan menos las actividades que cuestan más dinero—, tus inversiones se despertarán de pronto y empezarán a hacerte más y más rico con cada año que pase. Es por esto que es muy frecuente que haya personas que dejan herencias enormes sin haber tenido grandes experiencias o comodidades materiales durante su vida y es que, para cuando el dinero les llega, no logran crear el hábito de gastarlo.

Esta es la gran limitación de muchos de los consejos sobre las finanzas personales. No permiten nada más atrevido que los intereses compuestos, lo que significa que, a menos que empieces extrañamente temprano, no tienes demasiado tiempo para poner en marcha el efecto de los rendimientos sobre los rendimientos. Si has puesto la mira en algo más que una jubilación cómoda, de manera que deseas acumular una riqueza tan enorme que nada te esté vedado y que tu familia tenga seguridad financiera durante generaciones... bueno, eso también está fuera de discusión.

Mi meta al derribar la idea de los intereses compuestos no es deprimirte (aunque es probable que lo haya hecho), ni tampoco quiero sugerir que no tenga sentido hacer uso de ellos. Sin ninguna duda deberías aprovecharlos, pero también deberías ser realista sobre qué es lo que pueden lograr para no terminar decepcionado cuando al final sus resultados no te cambien la vida. Al tener ahora una mirada clara sobre los límites de los intereses compuestos, todavía tienes tiempo de añadir otros tipos de inversiones si quieres (lo trataremos en el capítulo 7).

El mecanismo de los intereses compuestos

Solo porque los intereses compuestos no sean un mágico secreto matemático que vaya a resolver todos tus problemas no significa que debamos deshacernos de ellos, aunque sí son algo que debemos tener en cuenta para decidir cómo usarlos. Este tipo de inversión se acopla plenamente en la caja de conservación: puede que ayude a mantener tu calidad de vida existente, pero es poco probable que la transforme. Esto no debe subestimarse: si se usan de manera efectiva, los intereses compuestos permitirán que ocurran cosas «buenas» silenciosamente en un segundo plano mientras tú trabajas de forma activa en lograr «lo excelente».

Así que deberías restringir la cantidad de esfuerzo consciente que le dedicas a este proceso. Depende de cómo equilibres las tres motivaciones para la inversión de proteger, conservar y mejorar, la de «conservar» puede recibir la mayor parte de tus inversiones o solo una fracción. Pero más allá del tamaño, para aprovechar los beneficios de los rendimientos exponenciales (sin asignarle una importancia mayor a la que se merece) es necesario construir un mecanismo de intereses compuestos que cuente con cuatro características.

No requerir esfuerzo

La primera característica es que el mecanismo de los intereses compuestos no debería requerir *ningún esfuerzo* para operar.

Como ya hemos visto, puede que sea realista obtener rendimientos del 5 % por encima de la inflación sin invertir nada de tiempo ni desarrollar ningún conocimiento experto. Pero imaginemos que no estás dispuesto a conformarte con eso, así que pasas tus noches y fines de semana leyendo libros, mirando vídeos de *youtubers* del mundo de las inversiones, aprendiendo a leer un balance, investigando los informes de alguna empresa y siguiendo diferentes teorías sobre el futuro de la economía. Como resultado, haces que el rendimiento aumente del 5 % al 7 %.

Eso no parece mucho, aunque superar el promedio un 2 % cada año es verdaderamente difícil y la mayoría de los profesionales no logran hacerlo. Pero supongamos que tú sí lo logras. Después de veinte años (usando las mismas presunciones de nuestro ejemplo anterior), en lugar de haber acumulado 161.000 libras... habrías acumulado 198.500 libras.

Si bien estaba usando este ejemplo para demostrar una idea, me asombró tanto el resultado que tuve que revisar los números para asegurarme de que era correcto. Lo es. Pasar de un rendimiento de 5 % al 7 % anual te da como resultado unas 37.500 libras adicionales en total a lo largo de veinte años. Incluso si solo dedicaras dos horas semanales para lograr esto —lo que me parecería sorprendentemente poco—, tu tarifa por hora para generar ese excedente a lo largo de veinte años sería equivalente a 9,37 libras.

Ganarías más que eso dedicando tu tiempo a casi cualquier otra cosa, como limpiando casas o conduciendo un Uber, y no te arriesgarías a que tus inversiones no tengan el rendimiento esperado. Podrías incluso olvidar todo ese esfuerzo y simplemente dedicar esas horas extra a divertirte y no habría mucha diferencia. Esta estrategia sería más segura, porque cuando intentas superar al promedio, existe una posibilidad nada insignificante de terminar tomando malas decisiones que empeoren el rendimiento de tus ganancias, lo que quiere decir que cada hora que le dediques a eso podría *costarte* dinero.

Es por esto que generar intereses compuestos no debe requerir ningún esfuerzo, no vale la pena. ¿Crees que esto suena un poco fatalista, como que no hay nada que puedas hacer para influir de manera positiva en tu futuro financiero? No te preocupes, no es así. Cuando tratemos tu caja para mejorar tu situación de vida, veremos varias áreas en las que puedes aplicar tus competencias y algo de esfuerzo (así como aceptar algunos riesgos) para obtener rendimientos mucho más altos. Y como ya hemos incluido al echar por tierra la mentira de la jubilación, esas horas de investigación estarían mucho mejor aprovechadas si las dedicaras a darle un empujón a tu carrera. Esto haría que, sin correr ningún tipo de riesgo, tus ganancias adicionales eclipsaran el escaso aumento de los rendimientos de tus inversiones.

Ser constante

El segundo principio es que debe ser *constante*.

Sabemos que los intereses compuestos hacen su magia con el paso del tiempo y que dependen de un proceso largo y continuo en el que se generan ganancias pequeñas que se vuelven a invertir. Puedes pensar en esto como si estuvieras haciendo girar una manivela: al principio, hacer que se mueva apenas un poco puede costar, pero cuando tomas impulso, la manivela empieza a girar tan rápido que es difícil detenerla. Sin embargo, si no dejas de detenerte antes de que gane impulso, jamás llegarás a ese punto: estarás repitiendo las agotadoras primeras etapas una y otra vez, sudando la gota gorda sin mucho resultado.

Es por esto que, según el brillante socio de negocios de Warren Buffett, Charlie Munger, «la primera regla de los intereses compuestos es no interrumpirlos innecesariamente»[74]. Es mucho mejor contar con un plan que puedas implementar de manera regular a lo largo de los años que ser brillante de vez en cuando.

Estar automatizado

Una popular agencia de corredores en línea se propuso identificar qué separaba a sus clientes de mayor rendimiento de los demás y descubrió que tenían una ventaja inesperada: estaban muertos[75]. Esto hacía que fueran inmunes a la tentación de interactuar en la página con sus clics, lo que causaba que tuvieran (o más bien, sus herederos) mejores resultados que quienes seguían conectándose para darle al botón de «comprar» o «vender» en los que resultaban ser los peores momentos posibles.

Es por esto que nuestro mecanismo de intereses compuestos también necesita estar *automatizado*, para protegernos de nosotros mismos.

Para simplificar los ejemplos de este capítulo, he estado sugiriendo que nuestros rendimientos tengan el mismo porcentaje constante todos los años. De hecho, algo que sabemos con certeza es que esto no será así, pues algunos años serán fantásticos y veremos rendimientos del 15% o más, mientras que otros serán terribles: los rendimientos serán negativos, así que, a pesar de alimentar el mecanismo con más efectivo, terminaremos el año con menos de lo que teníamos al inicio.

Conociendo el funcionamiento de la psicología humana, si adoptas cualquier estrategia que no sea hacer constantemente lo mismo, sin importar lo que ocurra en el mundo, cometerás errores que perjudicarán de forma irreversible tu riqueza. Es increíble lo tentador que puede ser postergar la contribución de un mes cuando las noticias son preocupantes y el mercado parece empezar a tambalearse: seguro que si aguardas un poco, podrás comprar a un precio más bajo, ¿verdad? Pero esto te guiará a hacer exactamente lo que no debes: comprar solo cuando el ánimo es alto y los precios todavía más altos, y evitar vender cuando el clima es malo y el mercado está con rebajas.

Estar diversificado

Ya hemos visto que, si tienes la opción de simplemente aceptar el promedio, no vale la pena intentar superarlo. En el mejor de los casos terminarás trabajando por menos del salario mínimo, y en el peor tomarás decisiones equivocadas que harán que estés peor que si no te hubieras molestado. Asegurarte de que tus inversiones estén *diversificadas* —un término sofisticado para decir que no apuestas todo lo que tienes a una sola cosa— es la manera de alcanzar este atractivo promedio.

Pero ¿cómo de diversificado debe estar el mecanismo? ¿Es solo cuestión de invertir en un fondo indexado cuyo objetivo es replicar el rendimiento del mercado en general? Bueno, eso nos acerca peligrosamente a otro mito, y nos hará falta todo el capítulo siguiente para analizarlo a fondo.

Cómo construir tu propio mecanismo de intereses compuestos

Un mecanismo de intereses compuestos bien engrasado comienza con ese clásico consejo de las finanzas personales: «Págate primero a ti mismo».

En su versión más simple, esto solo significa programar una transferencia recurrente para que el dinero salga de tu cuenta bancaria tan pronto como te paguen y vaya a la plataforma de inversiones de tu elección. Esto cumple con las condiciones de estar automatizado, ser constante y no requerir esfuerzo: una vez que lo programas, es más difícil dejar de invertir que seguir a ritmo constante. Quizás tengas la posibilidad de hacer una inversión periódica directamente de tu salario, como contribución a la jubilación, y que tu empleador la iguale hasta un determinado valor. Si se te ofrece esta posibilidad, se trata de dinero gratis y representa el mayor rendimiento de una inversión que vayas a obtener sin ningún tipo de esfuerzo; la única desventaja es que solo podrás acceder a este dinero una vez cumplida la edad de jubilación de tu país. Sin embargo, este no es un problema para la mayoría de las personas, porque sabemos de todos modos que la caja de conservar solo funciona si la dejas trabajar durante décadas.

Tu próximo paso es programar compras recurrentes mensuales de los activos que tú elijas en tu plataforma de inversiones. Casi cualquier plataforma te permitirá automatizar este proceso y elegir una lista de inversiones en las que quieras participar, para luego destinar ya sea una cantidad fija o cierto porcentaje de tu depósito en efectivo a cada una de ellas. Este nivel adicional de automatización es importante porque, de otro modo, tu mecanismo depende de que ingreses y hagas inversiones todos los meses. Si eres como la mayoría, no se puede confiar en que lo vayas a hacer. La tentación de dejar el efectivo quieto mientras «esperas a ver qué sucede» con la situación económica será muy fuerte... y es inevitable que, tan pronto como esa situación se acabe, llegue una nueva que la reemplace. El resultado: habrás ahorrado (que es mejor que no ahorrar), pero jamás conseguirás invertir de manera constante.

El paso que sigue es uno en apariencia difícil: no hacer nada. Ahora que has automatizado el proceso, no necesitas ingresar a la plataforma, así que haz todo lo que puedas para evitar hacerlo. Cuando revises cómo les está yendo a tus inversiones, te verás tentado a interferir y, una vez más, es probable que esto dañe tus rendimientos en lugar de mejorarlos (¿recuerdas a esos maestros de las inversiones que están muertos?).

De ser necesario, comparte tu contraseña con alguien de confianza. Como mínimo, hagas lo que hagas, no instales en tu teléfono la aplicación de la plataforma de inversiones: cuanto más fácil sea ver cómo estás progresando, más riesgo corres de arruinar las cosas. Por más que seas completamente consciente de que estás jugando un juego que se gana a lo largo de décadas, ver un mar de números rojos y flechas hacia abajo —que es algo que a veces puede ocurrir— no es para nada agradable. No solo hará que quieras hacer cosas poco recomendables, sino que tampoco es bueno desde el punto de vista psicológico. Así que automatiza y luego mantente alejado.

Con ese mecanismo de intereses compuestos resonando de fondo, tu caja de conservar irá creciendo poco a poco. No cambiará tu vida de modo milagroso, y no verás el resultado en un futuro cercano, pero la mayoría de los años tendrás algo más de dinero y verás crecer tu patrimonio. Tu dinero irá ganando cada vez más por ti, lo que te permitirá, con el paso del tiempo, relajar un poco tus propios esfuerzos.

Sin embargo, quizás hayas notado que he pasado por alto un detalle bastante fundamental: cuando estés programando esas inversiones automáticas, ¿en qué deberías invertir? Esa pregunta es tan importante que merece un capítulo dedicado a ella, sobre todo si tenemos en cuenta que hay otro mito particularmente pernicioso que debemos desmentir.

6

MITO La manera de estar siempre seguro es diversificar con acciones y bonos.

REALIDAD La antigua estrategia de diversificar ya no es suficiente: hoy en día, necesitas ir más lejos.

6

El mito de la diversificación

2022 fue el año en el que la sabiduría financiera convencional falló.

Efectivamente, ese año no dio una buena cosecha para los inversores: quienes tenían el total de sus inversiones metido en acciones (usando LifeStrategy, el fondo insignia de la plataforma de inversiones Vanguard) vieron cómo su cartera caía un 6%[76]. Pero eso no era del todo inusual: sabemos que el mercado tiene malos años de vez en cuando, y la verdad es que no podían quejarse después de que hubiera aumentado un 19% el año anterior.

Lo alarmante fue lo que les sucedió a los inversores que habían tomado medidas activas para evitar tales caídas. Este grupo había decidido reducir el riesgo invirtiendo en una versión diferente del mismo fondo que combinaba un 60% de acciones con un 40% de bonos. En cualquier caída anterior, esa decisión se habría visto justificada... pero no esta vez. De hecho, a ellos les fue todavía peor: sus inversiones terminaron el año con una caída de más del 11%.[77]

Esta experiencia iba en contra de una de las suposiciones fundamentales que ha estado impulsando la manera en la que los profesionales de las finanzas han estado creando carteras de crecimiento lento y constante, y de bajo riesgo, durante los últimos setenta años o más. Como lo explica Burton G. Malkiel en su libro clásico *Un paseo aleatorio por Wall Street* (1973): «Una cartera mixta de acciones y bonos puede ser menos arriesgada que cualquiera de los dos componentes tomados por sí solos. La diversificación es un método de larga tradición para reducir el riesgo». Pero no en 2022. Uno de aquellos inversores diversificadores de ese momento escribió desilusionado: «Temo mirar mis saldos. Creo que voy a llorar».

Entonces, ¿qué es lo que salió mal? ¿Fue 2022 simplemente una irregularidad singular que podemos ignorar y dejar atrás? Bueno, si bien podemos esperar no volver a ver una repetición exacta de ese año durante mucho tiempo, la situación reveló la posibilidad de que incluso los inversores más cautelosos estén asumiendo más riesgo del que quizás piensen. Para cualquiera que quiera acumular dinero en una caja para conservar que sobreviva a lo que sea que se ponga en ella durante varias décadas, esto tiene grandes repercusiones.

Por qué los fondos indexados no son suficientes

Al igual que con los peligros de fumar y los beneficios de usar un cinturón de seguridad, hoy en día apenas necesitas explicar que intentar elegir acciones individuales no es una idea inteligente. Desde luego, siempre está presente la tentación de elegir a la próxima Nvidia (cuyo valor aumentó más del doble en menos de seis meses), pero, en el fondo, la mayoría de la gente sabe que existe un riesgo demasiado alto de elegir sin darse cuenta a la WeWork de turno (que en menos de dos años pasó de tener acciones que valían 500 dólares a unos centavos).

En efecto, si buscas cualquier vídeo de YouTube sobre «inversiones para principiantes», verás cómo evangelizan sobre las ventajas de invertir en un fondo indexado. Un «fondo» es simplemente una inversión colectiva: todos aportan un dinero que luego se invierte en las acciones de una selección de diferentes empresas. Un «índice» es un grupo de empresas que cumplen con algún criterio, como las quinientas empresas más grandes de Estados Unidos (el índice S&P 500) o las cien empresas más grandes del Reino Unido (FTSE 100).

Por tanto, un fondo indexado simplemente reúne el dinero de los inversores y lo invierte en todas las empresas que entran dentro de un índice en particular. El resultado para cada inversor es que obtiene las mismas ganancias que si hubiera comprado acciones de cada una de las empresas individuales, solo que sin las molestias ni los costes de transacción. Y como el fondo solo busca igualar el rendimiento del mercado y no superarlo, todo eso se puede programar para funcionar en piloto automático. Esto significa que los gastos de gestión del fondo, que consumen una gran parte de la rentabilidad de los inversores cuando hay un equipo de analistas de acciones que intenta tomar decisiones astutas, son tan bajos que se vuelven casi irrelevantes.

Todo muy claro y merecedor de esa evangelización. Los fondos indexados evitan el negocio arriesgado de intentar elegir ganadores individuales y, en lugar de eso, hacen un promedio entre las Nvidia y las WeWork. Con ellos no duplicarás tu dinero en un solo año, pero tampoco es probable que vayas a perder una porción considerable de él: dentro del índice habrá tanto ganadores como perdedores, es decir, que los extremos se compensarán entre sí y el proceso será más estable. Y, además, no requiere ningún esfuerzo o conocimiento: sería difícil saber cómo le irá a una empresa en particular a lo largo de los próximos años, pero puedes estar casi seguro de que, en promedio, el total de las empresas de un país aumentará su valor. Al tener un fondo indexado, cosecharás los frutos cuando esto pase.

Este es un ejemplo perfecto del principio de la diversificación. Te beneficias de esta cada vez que tienes diferentes activos, siempre y cuando no tengan demasiado en común los unos con los otros. Por ejemplo, si tuvieras acciones de diez petroleras diferentes, sería esperable que todas ellas se vieran afectadas del mismo modo en caso de una baja en la demanda global, así que los beneficios de la diversificación serían mínimos.

Los fondos indexados están más diversificados, aunque es importante señalar que tampoco lo están tanto como parecen. Está claro que evitan el problema del ejemplo de las petroleras, porque están compuestos de bancos, empresas tecnológicas, minoristas y muchas otras clases de empresas que uno esperaría que rindieran bien en condiciones ligeramente diferentes y en momentos diferentes. Sin embargo, si inviertes en un fondo de inversión que limita sus inversiones a un país en particular, es posible que la diversificación no te ayude tanto como sería de esperar. Después de todo, si te habías felicitado por haber invertido en un fondo indexado al S&P 500 al comienzo de 2022, en lugar de sucumbir a la tentación de intentar elegir un ganador, la pérdida de casi el 20 % que estarías experimentando en Navidad[78] te habría hecho preguntarte qué tenía todo eso de seguro. Esa misma insatisfacción debieron sentir los inversores a largo plazo del índice FTSE 100 del Reino Unido, quienes esperaron con frustración dieciséis años para que este superara el nivel alcanzado en el último día del siglo xx.[79]

Está claro que aquí el problema es que, si ocurre algo que afecta a las fortunas del país en el que las empresas tienen su sede central, entonces eso tiende a afectar la valoración de todas esas empresas a la vez. Para evitar esto, necesitas ahondar y construir también una diversificación geográfica, algo que por fortuna también puede lograrse con un fondo. Es igual de fácil invertir en un índice mundial que invierta en fondos individuales especializados en diferentes países. Cada uno de esos fondos contiene cientos de empresas individuales dentro del país en cuestión, así que con solo pulsar un par de veces en una aplicación para invertir en bolsa puedes exponerte al rendimiento promedio de miles de empresas en países que van desde España hasta Corea del Sur.

Sin embargo, las malas noticias para quienes querían una caja de conservar que fuera constante y predecible es que incluso esta estrategia internacional no ofrece el mismo beneficio por diversificación que solía ofrecer. Durante el último siglo, el mercado de Estados Unidos ha llegado a dominar el mundo. El entusiasmo de algunos inversores ha aumentado la valoración de las empresas estadounidenses hasta tal punto que ahora representan más del 60 % del valor del mercado de todas las empresas del mundo. Como resultado, un fondo que siga un índice de Estados Unidos también constituirá al menos el 60 % de un típico fondo indexado global. El fondo global iShare, que es uno de los más grandes, tiene acciones de 1435 empresas diferentes; sin embargo, el 71 % de su exposición total corresponde a Estados Unidos. La consecuencia es simple: si este país tiene un mal año, todos lo tendrán.

Y hay otro peligro al acecho de los diversificadores: dentro del poderoso mercado estadounidense, hay un puñado de gigantes de la tecnología que tienen una influencia desmesurada. Apple, Nvidia, Microsoft, Amazon y Meta conforman combinados más de un cuarto de la totalidad del valor del mercado estadounidense. Puede que alguien que invierte en un fondo global esté expuesto a las fortunas combinadas de miles de empresas de todo el mundo, pero la realidad es que, si un par de empresas de Silicon Valley están pasando por un mal momento, se verá afectado de manera desproporcionada. Dado que la tendencia ha sido que la devoción que los inversores tienen por estas empresas impulsa la valoración de sus acciones cada vez más hacia arriba —y dado que todas las tendencias terminan por revertirse—, este es un factor de riesgo enorme para un inversor que solo quiere un proceso sin sobresaltos.

Es por eso que los inversores bien informados —aquellos que han hecho algo más que mirar un par de vídeos de YouTube y que se han tomado el tiempo para sentarse con un profesional de las finanzas o leer un libro o dos— probablemente hayan llevado todavía más lejos su intento por diversificar la cartera.

«Bono» no es solo el nombre de un cantante

Siempre que el mercado de valores está inestable, los bonos se vuelven más atractivos. Entre 2013 y 2023, se emitieron cien billones de dólares de deuda adicional en todo el mundo[80] y tanto individuos como instituciones salieron corriendo a comprarlos. Y con razón.

En lugar de recibir más dinero cuando las cosas van bien, como ocurre con las acciones, cuando compras un bono, lo que haces es *prestar* dinero. Imagina que tienes una amiga que está empezando su propia empresa y acude a ti en busca de financiación: si le prestas mil libras a devolver en un año, eso es como un bono; mientras que, si le das mil libras a cambio del 5 % de todas sus ganancias futuras, lo que estás haciendo es efectivamente comprando acciones.

Además de hacer préstamos a empresas, también puedes hacer préstamos a gobiernos nacionales y, en algunos países, a gobiernos regionales. Cuando una empresa o un gobierno emite un bono, se está comprometiendo a pagarte un rendimiento fijo: te pagará ciertos intereses todos los años y luego te devolverán todo el dinero en una fecha futura acordada. Los bonos se emiten por plazos que van desde un par de meses hasta múltiples décadas. Apple, por ejemplo, emitió bonos corporativos con un plazo de treinta años en 2020, y treinta años es también la duración máxima actual para los bonos soberanos en Estados Unidos y el Reino Unido.

De modo similar a lo que ocurre con las acciones, la mayoría de las personas no adquieren bonos individuales. Es más común invertir en fondos de bonos, que a su vez contienen cientos o miles de bonos y que se compran y venden con el objetivo de maximizar el rendimiento o replicar el desempeño de un índice. Esto es lo que permite que el valor de los bonos suba y baje: mientras que el rendimiento de un bono individual sería completamente predecible si te lo quedaras hasta su vencimiento, hay momentos en los que el mercado estará dispuesto a pagar precios muy diferentes para comprar ese bono «de segunda mano», según todo un abanico de factores distintos.

Si bien el valor de los bonos en el mercado puede variar, la relativa seguridad de los flujos de efectivo que generan hace que los bonos sean inherentemente menos arriesgados que las acciones, ya que incluso en situaciones adversas, el emisor debe cumplir con los pagos o enfrentarse a serias consecuencias. Cuando le prestas al gobierno de un país importante, que tiene control sobre su moneda, el riesgo es tan bajo como es posible que lo sea. En algunos círculos, un préstamo al Gobierno de Estados Unidos es considerado «libre de riesgos», y la tasa de interés que ofrece sirve como referente para medir todos los otros rendimientos.

Un riesgo menor conlleva también una recompensa menor. Algo que ocurre en Estados Unidos, pero que es representativo de la mayoría de las grandes economías, es que el rendimiento a largo plazo de los bonos ha sido de alrededor del 6% anual, en comparación con el 10% del mercado de valores[81]. Pero si bien los rendimientos han sido menores, el proceso ha tenido menos sobresaltos, ya que los bonos son menos volátiles que las acciones, lo que quiere decir que el valor varía menos de año a año. Entonces, mezclar algunos bonos con tus acciones debería suavizar los altibajos de tu cartera.

Este beneficio de la diversificación se potencia por el hecho de que uno en general espera que el mercado de valores y el de bonos rindan bien en diferentes momentos. Cuando todo está bien en el mundo y las personas tienen una actitud positiva, los inversores quieren su tajada del pastel, así que estarán dispuestos a pagar más por las acciones de las empresas, porque confían en que seguirán en alza. Cuando hay más nerviosismo, los bonos son más atractivos, porque las empresas y los gobiernos no tienen más alternativa que pagar los intereses acordados. Es por eso que en tiempos difíciles los inversores exigen más bonos y aumentan su precio. En la jerga de las inversiones, diríamos que las acciones y los bonos tienen una correlación negativa: cuando uno sube, el otro baja.

Las ventajas de los bonos se conocen desde hace mucho tiempo. En su libro *El inversor inteligente*, publicado en 1949, Benjamin Graham escribió: «[...] como regla fundamental [...] el inversor jamás debería tener menos del 25 % ni más del 75 % de sus fondos en acciones ordinarias, con una consecuente proporción inversa de entre 75 % y 25 % en bonos». Una gran parte del legado de Harry Markowitz con la Teoría Moderna de la Cartera de Inversiones fue la formalización matemática de esta regla de oro, lo que permitió que se incluyera la cantidad «correcta» de bonos en las carteras de los inversores según el nivel deseado de riesgo y rendimiento.

Estos dos beneficios de los bonos —una menor volatilidad y una relación inversa con las acciones— estuvieron en plena vigencia en las primeras dos décadas del siglo XXI. Su mejor momento fue durante la crisis financiera de 2007-2008, cuando el mercado de bonos se disparó y ayudó a contrarrestar las caídas de los mercados de valores de todo el mundo. Este éxito aportó billones de dólares a las carteras compuestas de acciones y bonos, y cualquier persona que haya tenido la fortuna de haber vivido sus años de máxima inversión en ese período vio cómo su riqueza se multiplicaba de manera radical.

La «inversión segura» que no lo fue tanto

Y entonces llegó el 2020. En respuesta a la pandemia del COVID-19, gobiernos de todo el mundo respondieron con un nivel de estímulo nunca antes visto: redujeron tasas de interés que ya estaban bajas, inyectaron dinero nuevo al sistema y buscaron estimular la actividad económica. En este mismo proceso, sus acciones invirtieron la relación prevalente entre acciones y bonos. De pronto, se estaban moviendo en la misma dirección.

Resulta que esa dirección era «hacia arriba»... así que nadie se quejó. Sin embargo, en 2022 la situación se invirtió de manera radical. El mercado de valores tuvo uno de sus peores años en la historia. Y, para asombro de todos, el mercado de bonos tuvo a la vez el peor año que jamás haya tenido.

Este período fue notable por dos motivos. El primero es que esos bonos «menos volátiles» de pronto se pusieron mucho más volátiles. Según Morningstar, un servicio de información del mercado, la volatilidad de los bonos aumentó más del doble en 2022 y 2023, en comparación con los siete años anteriores[82]. Su volatilidad siguió siendo menor que la del mercado de valores, pero el efecto tranquilizador de los bonos se había reducido. El segundo motivo es que estos empezaron a moverse en el mismo sentido que el mercado de valores: primero aumentaron a la par, y luego cayeron en picado. De hecho, 2022 fue el primer año en la historia de Estados Unidos en el que tanto el mercado de valores como el de bonos bajaron un porcentaje de dos dígitos[83]: una correlación positiva y muy difícil. Pasaron de tener una correlación de -0,6 antes de la pandemia (que no llegó a ser un mínimo histórico por apenas una fracción) a un nivel positivo del 0,6[84]. ¿El resultado? Con el año cataclísmico que tuvo el mercado de bonos —que hizo que la caída del mercado de valores no pareciera gran cosa en comparación—, esos inversores «cautelosos» que habían dividido su cartera en un 60/40 terminaron sufriendo más que los más temerarios que se habían quedado solo con las acciones.

Esta no fue la primera vez que las acciones y los bonos se movieron en la misma dirección: ese también fue el patrón estándar desde principios de la década de 1970 hasta finales de la de 1990. ¿Qué causó que esa correlación volviera a invertirse años más tarde en la década de 2020?

Resulta que la culpa tanto del aumento de la volatilidad de los bonos como de la correlación positiva entre las acciones y los bonos la tiene la misma variable: la inflación. O para ser más preciso, la expectativa de una inflación elevada, que es mala para ambos tipos de inversión. En momentos en los que la inflación es una preocupación, el rendimiento de los bonos se vuelve de pronto menos atractivo. Los inversores empiezan a temer que el ingreso fijo que los bonos les ofrecen se vaya a erosionar con la inflación, así que no están tan dispuestos a pagar precios altos para adquirirlos. Las acciones tampoco tienen un buen rendimiento bajo estas condiciones: las empresas sufren los efectos del aumento del coste de las materias primas y son menos capaces de financiar el crecimiento a través de préstamos. Como resultado, tanto las acciones como los bonos se mueven en la misma dirección… y no es una buena dirección.

Si la inflación desaparece de la mente de las personas y vuelve a parecer un problema de otra época, como sucedió en las primeras dos décadas del siglo XXI, la combinación de acciones y bonos probablemente empiece a ofrecer el mismo grado de protección que antes. Pero como sostuve en el capítulo 1, parece probable que nos encontremos en una era de inflación más elevada y volátil de lo que estábamos acostumbrados. Justo cuando parece estar bajo nuestro control, vuelve a subir, lo que hace que nunca esté muy lejos de la mente de las personas.

Si este resulta ser el caso, tanto las acciones como los bonos sufrirán simultáneamente estos estallidos, lo que significa que tener ambos tipos de inversión no te servirá tanto de protección como en el pasado.

¿Es la verdadera diversificación una meta realista?

Está claro que conseguir una caja para conservar bien diversificada no será nada fácil. Se podría incluso sostener que no es necesario: dado que, históricamente, las acciones han ofrecido rendimientos más altos, sería racional que los inversores que quieran hacer crecer su riqueza lo máximo posible a largo plazo pongan su caja para conservar en el mercado de valores y aguanten las bajas. De hecho, deberían incluso aprovechar las bajas como oportunidades para comprar más.

Sin embargo, esto presenta algunos problemas. Uno de ellos es que no todos los inversores tienen una mirada tan a largo plazo: para alguien que se acerca a todo este asunto con la idea de vivir de las ganancias de su caja de conservación, una caída repentina en el valor puede ser un verdadero desastre en lugar de un mero susto. Por este motivo, las personas tienden a reducir el riesgo de su cartera con el paso del tiempo y aumentan la proporción de bonos que poseen. Pero si la correlación es positiva y los bonos son más volátiles, deberían reducir todavía más el riesgo para terminar en el mismo punto. Cabe esperarse que esta reducción del riesgo provoque también una reducción en las ganancias.

Y luego hay un problema psicológico que afecta a todo el mundo, sin importar en qué etapa del recorrido inversionista se encuentre: las bajas enormes de nuestro patrimonio no son para nada agradables, y muchas personas no pueden soportarlas. Conozco personas que, cuando el mercado de valores cayó de manera abrupta en 2020 y luego en 2022, adoptaron la perspectiva completamente racional de que el mercado estaba «de rebajas»... y destinaron todo lo que tenían a comprar más. Pero esas personas resistentes fueron minoría, y las superaron por mucho las personas que conozco que abandonaron el mercado para siempre. Esto hizo que un desastre potencial se convirtiera en un desastre verdadero: al vender, aseguraron sus pérdidas y renunciaron a cualquier posibilidad de futuras ganancias.

Desde luego, si tienes más de veinte años por delante y tienes los nervios de acero necesarios para mantenerte firme sin importar lo que el mercado te eche (quizás fuiste uno de los pocos valientes que corrieron hacia el edificio en llamas en 2020), entonces te podría funcionar el renunciar a la diversificación. Si estás invirtiendo pensando en muy largo plazo, no es una locura que tu caja para conservar esté compuesta íntegramente por acciones. Si nos dejamos guiar por la historia, lo más probable es que tu coraje se vea recompensado al final.

Pero para la mayoría, renunciar a la diversificación por completo no es realista. Esto significa que, al enfrentarnos a una incertidumbre inherente y cada vez mayor, nos queda una opción mala… y una buena. Lamentablemente, la opción mala es lo que les está sucediendo a la mayoría de los inversores hoy en día: padecen una falsa diversificación. Creen que han hecho algo sensato y que han disminuido sus rendimientos a cambio de mayor seguridad, pero en realidad corren el riesgo de recibir un golpe igual de fuerte que sus contrapartes más agresivas cuando las cosas salgan mal. Esto, a mi parecer, es un resultado probable para cualquiera que haya adoptado la estrategia tradicional de contrarrestar las inversiones en el mercado de valores solo con bonos.

La opción buena es aventurarse más allá del mundo de las acciones y los bonos para continuar con la misión de encontrar una verdadera diversificación añadiendo otros activos a la ecuación. Claro, quizás esto también involucre un sacrificio de los rendimientos en comparación con una inversión compuesta meramente por acciones, pero también permite la posibilidad de construir una caja para conservar tu estilo de vida, que puedas seguir llenando con confianza un tiempo mientras la inflación no se aleje.

En busca de un rendimiento todoterreno

Harry Browne fue un político que odiaba a los políticos. La plataforma de la campaña del candidato presidencial estadounidense del Partido Libertario en 1996 y 2000 estaba basada en el debilitamiento del Estado: proponía quitar al gobierno federal de los ámbitos de la salud y la educación, terminar la guerra contra las drogas y abrazar una política exterior que «desea lo mejor para todos los pueblos y no es una amenaza para ningún otro país». Quizás sea sorprendente para una campaña que también prometía abolir el impuesto sobre la renta, aunque nunca obtuvo más del 0,4% del voto popular.

Sin embargo, su influencia en el campo de las inversiones ha sido más duradera. Dada su desconfianza general del gobierno, Browne dudaba de la capacidad de las instituciones centralizadas para mantener a raya las tormentas económicas, y quería ayudar a los individuos a salvaguardar sus inversiones sin importar lo que ocurriera en el mundo. En su libro *Inflation-Proofing Your Investments,* escrito en 1981 y traducido en 2020 al español como *La cartera permanente*, introdujo el concepto de una cartera diseñada para prosperar en los cuatro posibles regímenes financieros futuros que él había identificado.

Browne observó que las acciones producían importantes rendimientos en tiempos de prosperidad, y que los bonos ofrecían protección contra los colapsos deflacionarios. Pero las economías también atraviesan tanto períodos de inflación como de recesión prolongada, y, bajo esas condiciones, la típica cartera de acciones y bonos no tiene mucha protección que ofrecer.

La cartera permanente fue diseñada para estar compuesta de solo cuatro activos, cada uno con una participación del 25 %. Se incluyen tanto acciones como bonos, y junto a ellos agrega el oro para ofrecer protección en períodos de inflación y efectivo como medida de seguridad en caso de recesión. Para un inversor pasivo, no hay nada más simple que esto: Browne recomendaba hacer un ajuste anual para asegurarse de que la distribución fuera del 25 % en caso de que se hubiera desalineado, pero, aparte de eso, no hay que hacer nada más en absoluto. No es necesario anticiparse a lo que pueda acontecer, porque la cartera permanente está diseñada para sobrevivir pase lo que pase.

Si revisamos cómo ha estado funcionando desde 1972, debemos darle algo de crédito a Harry: si la meta es «nada de sorpresas», su cartera ha cumplido con lo prometido. Si hubieras optado por una alternativa más agresiva y hubieras invertido solo en acciones (estoy suponiendo una combinación de 50 % de acciones estadounidenses y un 50 % de acciones internacionales para acercarnos a una combinación global más o menos representativa), entonces en algún momento habrías experimentado una fluctuación entre máximos y mínimos del 55 %[85]. Sin lugar a dudas, es desagradable para cualquiera: está bien hablar de «ser codicioso cuando los demás tienen miedo», pero la mayoría de la gente no está preparada para ver cómo la mitad de su patrimonio desaparece. Pero ¿y si hubieras usado la cartera permanente? En ese caso, la mayor caída habría sido del 16 %, que no es muy agradable, pero sí es mucho más superable.

Desde luego, nadie te regala nada (y si así fuera, Harry estaría pidiendo al gobierno que dejara de hacerlo). Así que, como era de esperarse, el rendimiento de esta cartera también ha sido más bajo. A pesar de la desastrosa caída de la cartera compuesta solo de acciones, si hubieras invertido diez mil dólares en ella en 1972, habrías terminado con 264.000 dólares en 2024. Esto representa un rendimiento anual de menos del 9 %. La cartera permanente solo alcanzó un 6,4 %, lo que habría hecho que esos diez mil dólares se convirtieran solo en ciento seis mil dólares. Esa es una diferencia enorme.

¿Te gustaría implementar la cartera permanente tal como fue concebida al principio? Yo imaginaría que no, principalmente por lo mucho que se apoya en el efectivo. El efectivo es el verdadero activo para cuando «todo lo demás falla»: todo puede desplomarse, pero un billete de un dólar siempre será un billete de un dólar. Sin embargo, su valor no puede aumentar y no genera ganancias. Así que, la mayor parte del tiempo, no es más que un peso muerto para tu cartera.

Se puede argumentar que hoy no hay tanta necesidad de tener esa seguridad que nos ofrece el efectivo. Desde la creación de la cartera permanente, la política no ha avanzado en la dirección por la que Harry había luchado: los gobiernos están involucrados en una parte cada vez mayor de nuestras vidas, y su actividad representa una proporción del gasto general mayor que nunca. Como resultado, sus deudas se han disparado y los gobiernos han permitido que las deudas del sector privado hagan lo mismo, lo que significa que el sistema no podría soportar una gran recesión. Como lo vimos con la crisis financiera de 2007-2008, después con la pandemia del COVID-19 en 2020 y con muchas otras instancias más pequeñas a lo largo del tiempo, la única economía aceptable es una economía en crecimiento: cada vez que eso se ve amenazado, los bancos centrales entran en acción y hacen lo que sea necesario para regresar al crecimiento.

Esto significa que los períodos recesivos podrían ser más breves que en el pasado, lo que haría que la protección que ofrece el efectivo solo sirva durante ventanas de tiempo cada vez más pequeñas. Desde luego, todavía deberías guardar efectivo en la caja de protección; sin embargo, que además represente el 25 % de la «conservación» me parece excesivo.

De todos modos, la cartera permanente ilustra muy bien los posibles beneficios de diversificar más allá de acciones y bonos. Si olvidamos los detalles de qué activos y qué porcentajes eligió Browne y nos ceñimos al principio general de que una diversificación más amplia es lo mejor en un mundo en el que las acciones y los bonos ya no son tan complementarios como solían serlo, ¿qué añadiríamos para conseguir una cartera adecuadamente diversificada que esté hecha para el siglo XXI?

Oro

Harry Browne incluyó oro en la cartera permanente porque su oferta limitada significa que debería tener un buen rendimiento bajo condiciones inflacionarias.

El oro está presente desde hace miles de años y es visto como un «activo refugio»: cuando los inversores están preocupados por la salud de las monedas emitidas por los gobiernos y del sistema financiero en su totalidad, se refugian en el oro. A diferencia de las monedas, que pueden imprimirse a voluntad, existe un límite para el oro que se puede extraer de la tierra: tiende a ser suficiente para aumentar la oferta total alrededor de un 2 % todos los años, y no hay mucho que se pueda hacer para acelerar el proceso. Como resultado, a muy largo plazo, ha resultado ser una asombrosa protección contra la inflación: es decir, que una onza de oro te serviría para comprar la misma cantidad de activos «reales» hoy en día que en el pasado lejano. Aunque no lo creas, una casa habría costado la misma cantidad de oro en 1979 que en 2024[86], a pesar de que claramente cuesta muchísimo más en dólares, libras o euros. Se estima incluso que un traje de hombre cuesta la misma cantidad de oro hoy en día que lo que costaba una toga en la antigua Roma.

Esto es fabuloso si planeas invertir durante miles de años, pero en períodos más cortos, su historial no es tan regular[87]: puede que en la década de 1970 haya protegido a los inversores de la inflación galopante de ese momento, pero no hizo mucho para protegerlos durante el período inflacionario de 2020-2022. Sin embargo, si la inflación es una preocupación (y lo es), vale la pena tener oro. Si tomaras una cartera compuesta por un 60/40 de acciones/bonos y le quitaras un 10% a cada parte para destinarlo a oro, eso bastaría para suavizar las peores de las caídas de los últimos cincuenta años sin restarle demasiado al rendimiento. Si el futuro es más inflacionario que el pasado reciente, esto podría funcionar incluso mejor.

Bitcoin

Luego tenemos un activo que ningún inversor tuvo en los años 70, ni tampoco durante la crisis financiera de 2008, sencillamente porque no existía. Bitcoin ha sido llamado «oro digital» porque tiene las mismas características de escasez que ese metal brillante: existe un límite rígido de veintiún millones de monedas que serán emitidas alguna vez, así que, en teoría, los inversores (si creen en su valor) deberían recurrir a él en momentos de inestabilidad. En la práctica, se ha comportado como la acción más promocionada del mundo: su valor se dispara cuando los mercados tienen mucho dinero, y luego cae en picado.

Esto captó la atención del gestor de fondos Charlie Morris. Él se preguntó por qué estos dos activos de «monedas fuertes» se comportaban de manera tan diferente, y si esto efectivamente creaba una oportunidad. Morris notó que, al igual que lo que debería suceder con las acciones y los bonos, el oro y el bitcoin han demostrado de manera constante tener una correlación natural baja. Al tener ambos activos en las proporciones adecuadas, un inversor podría beneficiarse del empujón que el bitcoin les daría a los rendimientos del oro en los buenos momentos, mientras que el oro podría suavizar las caídas del bitcoin en los períodos malos.

Desde 2015, el índice BOLD de Morris (calculado todos los meses con el reajuste de una cartera compuesta de bitcoin y oro) ha tenido un rendimiento dramáticamente superior que incluso el de los mercados de valores más rendidores (S&P 500 y Nasdaq), con una volatilidad asombrosamente baja.[88]

Propiedades

Browne no incluyó propiedades en la cartera permanente, pero una vez que miras más allá de las acciones y los bonos, es la siguiente inversión elegida por gran parte del mundo. Aquí no estoy hablando de tu propia casa: recordarás que eso lo he dejado en la caja de protección, muy a pesar de tus protestas. Pero como inversión pura, se cree que hay unos 2,3 millones de personas en el Reino Unido con propiedades compradas para alquilar[89], y se estima que en Estados Unidos hay 19,3 millones de viviendas de alquiler.[90]

Uno de los beneficios de los bienes inmuebles en comparación con el efectivo es que generan ingresos, así que están contribuyendo a tu rendimiento general porque generan ganancias por el alquiler, sin importar cuáles sean las condiciones económicas. A diferencia del efectivo, las acciones o los bonos, esta es una inversión altamente ilíquida: pueden pasar meses hasta que la vendas, incluso cuando el mercado inmobiliario está en auge. Esta es una desventaja, aunque curiosamente también es en gran parte la razón por la que las personas tienden a tener éxito con esta clase de inversión: vender en un momento de pánico no es una opción. Si comprar y conservar a largo plazo es lo mejor (y suele serlo), las propiedades son una inversión que te protege de tus peores impulsos.

Otro beneficio de las propiedades es que tienden a rendir bien bajo condiciones inflacionarias: incluso durante la alta inflación de los 70, los bienes inmuebles lograron seguirle el ritmo, mientras que tanto las acciones como los bonos tuvieron dificultades.

Incluso a mucho más largo plazo, tiende a seguirle el ritmo a la inflación porque su oferta siempre tiene restricciones: el límite de terreno en el que se puede construir, la cantidad de material y trabajo necesarios para construir en ella y las restricciones con respecto a cuáles son las áreas más deseables significan que, incluso cuando la economía está en pleno funcionamiento y el entusiasmo es enorme, solo se puede construir hasta cierto punto.

Entonces, ¿podría la propiedad ser una incorporación útil a nuestra caja de conservación? Podemos aproximarnos a sus efectos sacando el efectivo de la cartera permanente de Harry Brown y reemplazándolo por Sociedades Anónimas Cotizadas de Inversión en el Mercado Inmobiliario (o SOCIMI). La información que tenemos de eso solo se remonta a 1994, pero desde entonces esta distribución en particular habría obtenido un rendimiento anual del 7,44%[91]. Esto es más que el rendimiento de una cartera compuesta 60/40 por acciones y bonos; y, en una inusual situación en la que puedes tenerlo todo, también tiene una menor fluctuación entre máximos y mínimos y no es más volátil. La historia no tiene por qué repetirse, y no estoy diciendo «olvídate del dinero y en su lugar compra propiedades», pero es un ejemplo de cómo es teóricamente posible diversificar más allá de acciones y bonos sin que tengas que renunciar a más beneficios de los que debes.

Solo ten en cuenta que, si compras una propiedad como inversión con una hipoteca —en lugar de comprarla con efectivo de una vez o tenerla de manera indirecta a través de un fondo—, ese riesgo adicional (y potencialmente también un rendimiento adicional) pasará a tu caja de mejorar. Eso lo veremos en el próximo capítulo.

Cómo hacer que tu caja de conservación esté preparada para el futuro

¿En qué quedamos entonces con nuestra búsqueda de la verdadera diversificación? Lo más probable es que siga siendo un poco confuso. Una vez que te sales de las acciones y los bonos, es apabullante la cantidad de opciones que hay. Y aquí solo hemos cubierto las grandes: por el bien de nuestra cordura colectiva no me he acercado ni a las materias primas, ni a los bonos protegidos contra la inflación (o TIPS), ni a los capitales privados o cualquier otra clase de activos que a menudo se añaden.

Incluso con el número reducido de activos que hemos cubierto, es fácil volverse loco intentando descifrar qué deberías tener y en qué proporciones. En realidad, es imposible saber cuál es la decisión correcta: no puedes hacer más que adivinar cómo será el mundo financiero en el futuro, y adivinar también cómo rendirá en esas condiciones cada uno de los activos basándote en lo que ha sucedido en el pasado.

En cierto modo, esto es algo tranquilizador. Está claro que tener un poco de todo ayuda, pero como no hay una «respuesta correcta» definitiva que puedas buscar, no tiene sentido estresarte demasiado por los detalles. De hecho, haciendo pruebas con datos históricos a partir del año 2000, me ha costado obtener una diferencia mayor al 1% en el rendimiento promedio anual, incluso haciendo cambios sustanciales en mi cartera modelo. En un período largo, eso no es insignificante, pero tampoco será lo que marque la diferencia entre riqueza y ruina.

Necesitas tener alguna clase de base sobre la cual tomar decisiones, así que mi estrategia es empezar por definir qué proporción de tu caja de conservación quieres que sean acciones. Históricamente, esto ha representado el motor de crecimiento de la cartera, de modo que la respuesta podría ser el total, si estás pensando en un plazo de múltiples décadas y estás sediento de un poco de riesgo. Si este es tu caso, bueno, ha sido fácil. En caso contrario, calcula lo mejor que puedas en cuánto quieres reducir la proporción de acciones. Puedes usar carteras modelo típicas para guiarte: por ejemplo, el 60% de una cartera 60/40, o el reducido 25% de la cartera permanente.

Luego, rellena los huecos con lo que más te atraiga, teniendo en cuenta que «un poco de todo» es una respuesta de lo más razonable. Puede que el pasado no sea una guía confiable para el futuro, pero, si quieres, puedes probar de qué manera las diferentes distribuciones habrían funcionado a lo largo de la historia usando herramientas en línea, como portfoliovisualizer.com. No importa lo que decidas, usa fondos indexados o fondos cotizados en bolsa (ETF) baratos para comprar los activos que elijas, porque si hay algo que sabemos con certeza es que los gastos elevados de la gestión activa de fondos siempre te quitarán una gran parte de tus ganancias, sean cuales sean las condiciones económicas.

Una vez que hayas hecho eso, recuerda los principios de los intereses compuestos que hemos visto en el último capítulo: ya has diversificado el mecanismo, así que ahora necesitas automatizarlo y ser constante para que el resultado final no requiera esfuerzo. Lo más importante de todo es *no seguir revisando las inversiones*, porque cada vez que lo hagas verás que a alguna de ellas no le está yendo bien. Es una consecuencia inevitable de la diversificación, pero, de todos modos, ver que has perdido dinero puede afectarte psicológicamente.

De hecho, lo único que necesitas hacer es revisarlo una vez al año para volver a encontrar el equilibrio. Por ejemplo, para hacerlo simple, imaginemos que has decidido operar con una cartera 50/50 de acciones y bonos. Si las acciones tuvieron un buen año y aumentaron de valor pero los bonos tuvieron un mal año y se desvalorizaron, quizás veas que tu combinación se ha desviado y es ahora 55/45. Dado que habías elegido 50/50 por un motivo, necesitas volver a ese equilibrio, en este caso, vendiendo algunas acciones y comprando algunos bonos. Para ello debes hacer algo contraintuitivo, que es vender aquello que está funcionando y comprar aquello a lo que no le está yendo bien. Sería normal que fueras reacio a hacerlo, pero es la única manera de evitar que la cartera favorezca cada vez más a lo que le ha ido bien en el pasado y corra más riesgo de sufrir un colapso.

Por encima de todo, a mí lo que me resulta útil es tomar distancia de todos estos detalles desconcertantes y recordar la visión central de Ashvin Chhabra: todo esto es solo una caja, y no importa lo que sea que pongas en ella, todo está diseñado para cumplir el mismo trabajo. Si dependes de las inversiones para que te protejan, te sentirás frustrado: hagas lo que hagas habrá ocasionales bajas de dos dígitos. No esperes que cambie tu vida de manera radical en las próximas décadas, porque serás víctima de la decepción. No importa lo que hagas, lo más probable es que tengas un rendimiento anual de entre el 5 % y el 9 %. Con el paso del tiempo, eso se acumulará hasta convertirse en algo grande, pero si le has echado el ojo al último Mercedes-Benz Clase S o sueñas con ver algún día tu nombre en una placa junto a un museo, entonces necesitas deshacerte de un último mito.

7

MITO Las iniciativas como seleccionar valores o fundar empresas conllevan un riesgo enorme. La mayoría de las personas deberían mantenerse alejadas de ellas.

REALIDAD Si lo que quieres es libertad financiera sin tener que esperar décadas, tendrás que correr algunos riesgos; la clave está en identificar cuáles son los indicados para ti.

7

El mito del «riesgo excesivo»

El *youtuber* James Dumoulin pasó años viajando por Estados Unidos haciendo la misma pregunta directa a la gente: «¿Cómo te has hecho rico?». Desde Dallas a Las Vegas y Miami, se acercó a personas que veía subiendo a yates, conduciendo cochazos, pasando el tiempo en una cancha de golf o saliendo de tiendas de lujo.

Las respuestas fueron variadas, pero algunos temas se repetían, como la inversión en bienes inmuebles, la fundación de una empresa y trabajar en finanzas. Sin embargo, había una que brillaba por su ausencia: «Compré una colección diversificada de fondos indexados y esperé».

A primera vista, esto parece contradecir la mayor parte de los consejos financieros tradicionales. Después de todo, ¿no nos han estado diciendo que el camino hacia la riqueza está en diversificar y esperar, y que intentar hacer cualquier otra cosa es un juego absurdo? En palabras del libro clásico de las finanzas personales *El millonario de al lado* (publicación original: 1996; traducción al español, 2015), escrito por Thomas J. Stanley: «Los individuos ricos a menudo son conservadores en sus estrategias de inversión. Evitan las inversiones especulativas de alto riesgo y se concentran en conservar su capital a través de la diversificación». O consideremos *La guía Boglehead de inversión* (publicación original: 2009; traducción al español, 2020) de Mel Lindauer, Michael LeBoeuf y Taylor Larimore: «La diversificación dispersa el riesgo y ayuda a proteger tu cartera de pérdidas significativas. Evita el apalancamiento, ya que puede amplificar las pérdidas y conducir a la ruina financiera». ¿Por qué estos libros, al igual que casi todos los consejos financieros tradicionales, nos advierten que debemos mantenernos alejados de las apuestas grandes, los préstamos de dinero y los riesgos, cuando parece que es exactamente con eso que las personas del mundo real se vuelven ricas?

La respuesta a esta aparente contradicción se reduce a cómo de rico quieras ser y cuándo. Es cierto, aunque de manera limitada, que sería una tontería intentar ganarle al mercado. En el contexto de tu caja de conservación, «diversificar y esperar» es, sin ninguna duda, la opción correcta: cualquier esfuerzo que dediques a superar el promedio te quitará demasiado tiempo y concentración a cambio de una mínima mejora, en el mejor de los casos incluso podría terminar perjudicándote. La mayoría de las personas deberían poner —y es lo que hacen— la mayor parte de sus activos en las cajas de protección y conservación, y aceptar la idea de que su destino está en manos de los mercados.

Pero como ya hemos visto, esto ignora la tercera motivación: el deseo de mejorar de manera significativa tu calidad de vida en lugar de solo mantenerla hasta el final tal como está. Y es allí donde nuestra caja de mejorar entra en juego.

¿Cómo de rico quieres ser?

Es evidente que hay muchas personas mayores que viven de manera cómoda, aunque con sencillez, gracias a toda una vida de haber tenido buenos ingresos, no haberse excedido con los gastos y haber invertido de manera sensata. Pero no hay ningún joven que conduzca un supercoche que encaje con ese perfil. Entonces, la pregunta engañosamente simple que debes hacerte es: ¿qué es lo que quieres de verdad?

Porque si lo que quieres es una mejora considerable de tu estilo de vida, necesitas reconocer esa motivación y hacerlo requiere una caja aparte de activos con características muy diferentes. Por lo general, las personas no hacen esta separación mental. Así es como terminan corriendo más riesgos de los que deberían con la caja de conservación, o teniendo un montón de inversiones variopintas que no son ni lo suficientemente seguras para garantizar estabilidad a largo plazo ni lo suficientemente ambiciosas para marcar la diferencia.

Tampoco es que todos aspiren a esta clase de mejora. Si no te gusta el riesgo o no estás del todo conforme con tu estilo de vida actual (solo te gustaría mantenerlo, pero con menos trabajo), no es necesario tener una caja para mejorar de ningún tipo. Lo que obtengas de ella no valdrá la pena, y cualquier intento por hacer este tipo de inversión conllevará dos grandes desventajas.

La primera es que es la única en la que el riesgo no se puede contrarrestar a través de la diversificación y es posible que las pérdidas sean permanentes. Si bien puedes tener la certeza de que los activos para tu protección harán su trabajo, y de que los activos para la conservación de tu estilo de vida harán lo mismo si les das el tiempo suficiente, con los activos para «mejorar» no puedes hacer más que intentar alcanzar tus metas aspiracionales. Y si algo sale mal, ese intento te puede hacer retroceder más de lo que habías avanzado. En términos generales, el rango de los posibles resultados es mucho más amplio: puedes ganar en grande, pero también puedes perder en grande.

La segunda desventaja es que es también la única caja que involucra una inversión de tiempo y esfuerzo, además de dinero. Ninguna de las inversiones que entran en ella son de las que «pones en marcha y luego te olvidas», ni tampoco puedes embarcarte en estas inversiones habiendo hecho una investigación mínima y apretando simplemente un par de botones. La gente tiene muchas cosas que preferiría hacer en lugar de decidir qué acciones comprar, analizar ofertas de propiedades o investigar inversiones y empresas privadas. Sin embargo, si quieres un enorme rendimiento, entonces es inevitable hacerlo.

Está claro que la posibilidad de tener éxito debe atraerte lo suficiente como para que te molestes en correr el riesgo y en invertir tu tiempo, aunque puede que no sea tu caso. Pero a medida que tener una vida «cómoda» se vuelve más difícil para la persona promedio —el crecimiento de los sueldos se ha estancado, la inflación está haciendo mella y la bajada de las tasas de interés que beneficiaban a todas las inversiones se ha revertido—, cada vez hay más personas que se ven atraídas (o empujadas) a correr riesgos aspiracionales.

Efectivamente, cuanto menos atractivo se vuelve el promedio, más personas corren riesgos. Las inversiones en *penny stocks* (acciones arriesgadas de empresas pequeñas y volátiles) se han triplicado en los cinco años anteriores a 2024 y ahora conforman el 14% de todo el volumen de operaciones en Estados Unidos. Hay publicidad de apuestas deportivas y del mercado de intercambio de divisas Forex por todas partes. Las *altcoines* (criptomonedas alternativas) y los NFT se han disparado a la luna y más allá. Los «*influencers* financieros» atraen a millones de seguidores en redes gritando maneras en las que puedes hacerte rico vendiendo productos por internet o con marketing de afiliados. Todo el mundo parece estar probando (o vendiendo) algo que promete una salida. Y quienes no lo prueban de manera activa, recurren al pensamiento ilusorio: las búsquedas en Google de «manifestar» son más del doble de lo que fueron en 2020.[92]

Pero el problema no está en el deseo, sino en el método. Hay dos cosas que necesitas hacer para acercarte a tus metas aspiracionales de forma segura. La primera es no arriesgarlo todo, y esto lo puedes lograr calculando de manera correcta el tamaño que debería tener tu caja de mejora. Esto lo hemos tratado en el capítulo 3 y lo retomaremos también al final. La segunda es asumir el tipo indicado de riesgos y hacer inversiones que hayan demostrado que conducen al éxito, en lugar de apostar o dejarnos captar por uno de esos planes que prometen hacernos ricos rápidamente.

Siempre que hagas esas dos cosas, puedes ignorar (solo en esta caja de mejora) todos esos consejos serios y sensatos que dicen que debes tener inversiones diversificadas, minimizar el riesgo y evitar el endeudamiento. Porque resulta que hacer todo lo contrario es un resumen bastante acertado de cómo hacerte rico.

Para estar cómodo, diversifica; para ser rico, concentra

Tal como Ashvin Chhabra afirmó al reflexionar sobre los clientes ricos con los que estaba en contacto, «los superricos no ganaron todo su dinero con carteras convencionales basadas en los principios de la distribución de activos y la diversificación. De hecho, hicieron todo lo contrario»[93]. Identificó tres características de alto nivel del tipo de inversiones y comportamientos que conducían a resultados desmesurados: apalancamiento, concentración y capital humano.

En el resto de este capítulo, haremos un recorrido por cada una de ellas. Pero a diferencia de la caja de conservar, donde la conclusión fue que hicieras «un poco de todo esto», lo más probable es que en la caja de mejorar debas limitarte a una sola cosa. De hecho, cualquier intento por diversificar *aumentará* el nivel de riesgo. Cada una de estas inversiones requiere tiempo y competencia, ¿y cuáles son las probabilidades de que tengas la capacidad y la habilidad de invertir con éxito en propiedades, elegir acciones ganadoras *y* operar una empresa? Terminarás exigiéndote demasiado y cometiendo errores que te harán perder dinero.

Si miras a los inversores más exitosos del mundo, verás que no son generalistas: a pesar de tener todo el día para dedicarse a nada más que al arte de invertir, eligen limitarse al dominio de una clase de activos o un estilo de inversión en particular. Tomemos como ejemplo al «Rey de los Bonos», Bill Gross, cuyo apodo revela su especialidad. Al convertirse en un experto en el intercambio de bonos, convirtió a su empresa, PIMCO, en uno de los fondos más grandes del mundo que administra más de dos billones de dólares en activos. Luego tenemos a Barry Silbert, quien usó sus conocimientos técnicos sobre el código de quiebras de Estados Unidos para convertirse en un multimillonario. Y, sin ninguna duda, los hermanos Candy, Christian y Nick, que acumularon un patrimonio neto estimado de 1500 millones de libras con el desarrollo de propiedades de lujo, desde luego no diversificaron «picoteando» algunas acciones mientras construían su imperio.

«Enfocarse» es una de las palabras más aterradoras, porque te obliga a tomar una decisión incómoda: si te comprometes con un tipo de inversión en particular, por definición les estás diciendo que «no» a todos los demás. Pero no se puede evitar y, en definitiva, deberías dejarte guiar por aquello que más te atraiga. No importa lo que elijas, le estarás dedicando una gran cantidad de tiempo, así que lo mejor será que sea algo que disfrutes.

Mi objetivo en este capítulo no es llevarte a una posición en la que sepas lo suficiente como para empezar con alguna de estas áreas: eso sería imposible. En lugar de eso, explicaré por qué cada una de ellas es una candidata potencial para tu caja de mejora y cuáles tienden a ser los riesgos y las recompensas. A partir de allí, será el momento de hacer tu propia investigación; y si no tienes ganas de eso, quizás te convenga regresar al capítulo 2 para ver si puedes conseguir esas mismas mejoras de tu estilo de vida aumentando tus ingresos.

Apalancamiento: hazte rico con el dinero de los demás

La mayoría preferiría no tener deudas, como la de la hipoteca, que es algo que te gustaría quitarte de encima lo antes posible, o la de la tarjeta de crédito con la que evitas endeudarte a toda costa, y no digamos de los préstamos para estudios, que te siguen durante años succionando tus finanzas.

Yo crecí a principios de los años noventa, un período en el que los precios de las propiedades en el Reino Unido habían caído y las tasas de interés se habían disparado, y lo único que escuchaba decir a los adultos de mi alrededor era lo estresados que estaban por la hipoteca. Apenas entendía de qué estaban hablando, pero detectaba el pánico. Recuerdo haber pensado «de una u otra manera, me aseguraré de no tener nunca una de esas». Bueno, no me preguntes cuáles serán los números de la lotería la semana que viene, porque está claro que mis poderes de predicción no funcionan del todo bien: ahora tengo toda una colección de hipotecas, y a ellas les debo una proporción considerable de mi riqueza.

Esto es así porque, por suerte, más tarde aprendí que es posible usar las deudas como una herramienta. Cuando el endeudamiento se aplica a las inversiones financieras, suele recibir el nombre de *apalancamiento*. Este es un término bastante apropiado porque, al igual que ocurre con una palanca, permite aplicar una fuerza amplificadora —ya sea positiva o negativa— a los rendimientos de tus inversiones. En pocas palabras, la deuda te permite hacer inversiones mayores de las que podrías hacer solo con tu dinero.

Es posible aplicar la deuda como una fuerza amplificadora a una cartera de acciones, pero en la práctica pocas personas lo hacen: la característica volatilidad de las acciones hace que sea posible que esa deuda se convierta en una proporción demasiado alta de tus activos y te meta en problemas. Es por eso que es mucho más frecuente usar el apalancamiento en las inversiones de bienes inmuebles, donde la mera dificultad de comprar, vender e, incluso, conocer el valor de tu propiedad en un día determinado disimula la volatilidad y la convierte en el activo perfecto para usar un préstamo.

Imaginemos que pides prestado el 75 % del precio de una propiedad y el resto lo tomas de tu propio efectivo. Esto significa que, por cada libra que tú pones, el banco está poniendo tres; o, visto desde otro punto de vista, si puedes permitirte pagar cien mil libras en efectivo por una propiedad, puedes, en lugar de hacer eso, usar una hipoteca para comprar cuatro propiedades a cien mil libras cada una. Desde luego, pedir prestado este dinero tiene un coste, que son los intereses.

Las recompensas (y el riesgo) entran en acción cuando consideras el efecto que esto tiene en tus ganancias (y pérdidas) con el cambio en los precios de las propiedades. Imagina que has comprado una sola propiedad a cien mil libras con tu propio dinero y que, después de un año, su valor ha aumentado un 5 %. ¿Qué has ganado? No hay ningún premio por calcular que tendrás una ganancia de cinco mil libras, o un 5 %.

Pero ¿qué habría sucedido si hubieras comprado cuatro propiedades de cien mil libras, con veinticinco mil libras de tu propio bolsillo y una hipoteca de setenta y cinco mil para cada una? Si el valor de esas cuatro casas aumenta un 5 %, eso se convierte en una ganancia total de veinte mil libras, que representa el 20% del dinero que tú invertiste. El apalancamiento ha multiplicado tu rendimiento por cuatro.

En la práctica, la compra de una propiedad incluye algunos costes, tales como impuestos y honorarios legales, que no puedes cubrir con préstamos, así que los números son algo distintos en cada compra una vez que tienes en cuenta estos factores. Pero mi atajo personal es suponer que al pedir prestado el 75% del precio de compra —un nivel considerado un máximo seguro por quienes invierten en propiedades residenciales—, puedes multiplicar tus rendimientos por tres en lugar de cuatro.

Esto es lo que hace que invertir con apalancamiento en propiedades tenga el potencial de brindar un enorme rendimiento. Incluso si el valor de tu propiedad solo aumenta en promedio un 2% al año desde la compra —valor en línea con la inflación objetivo—, cuando la multiplicas por tres, tu inversión crecerá un 6%, y eso antes de recibir un centavo por la renta. Dado que, históricamente, el crecimiento inmobiliario en Estados Unidos y el Reino Unido ha sobrepasado a la inflación[94], y que la cifra de la inflación en sí ha sido en promedio mayor al 2% objetivo desde la adopción de esta medida[95], podríamos decir que estos supuestos son bastante conservadores. Si crees que es posible un 4% de crecimiento anual, esto te daría un rendimiento del 12% al año... y una vez más, esto es antes de siquiera considerar los ingresos por el alquiler.

Como estos ejemplos demuestran, no es que las propiedades sean un activo especial: la mayoría de los beneficios provienen de la posibilidad de usar el apalancamiento.

Desde luego, el apalancamiento introduce riesgos y es un arma de doble filo. Si las cifras de mis ejemplos hubieran ido en el sentido contrario, también deberías haber multiplicado por tres las pérdidas. Sin embargo, al igual que con las ganancias, las pérdidas solo se vuelven una realidad (en contraste con algo que solo existe en papeles) si vendes la propiedad por menos de lo que la habías pagado y las conviertes en algo concreto. Incluso si tienes la mala suerte de comprar el día anterior a un colapso del mercado inmobiliario y ves cómo tu propiedad pierde un 20% de su valor de la noche a la mañana (el 60 % de tu inversión, si la multiplicas por tres), puedes dar casi por hecho que tarde o temprano recuperará su valor y, mientras tanto, las ganancias que obtengas por el alquiler significan que te estarán pagando por esperar.

Yo ya he dejado claro aquí cuál es mi preferencia, pero por supuesto también hay desventajas. La más obvia es el riesgo vinculado con los costes del préstamo. Cuando obtienes una hipoteca, debes asegurarte de que los ingresos por alquiler cubran sin problema los pagos de la hipoteca y que dejen un resto suficiente para cubrir los otros gastos de la propiedad. Sin embargo, en muchos países (incluidos el Reino Unido, Canadá y Australia, pero no Estados Unidos), no es usual que puedas fijar la tasa de interés más de cinco años. ¿Qué sucedería si pides el préstamo con una tasa de interés del 4 %, pero a la hora de renovarlo después de cinco años, de pronto se ha disparado al 12 %? Los pagos de los intereses se habrán triplicado, y no puedes simplemente aumentar el alquiler para cubrir la diferencia, así que quizás no puedas pagar la hipoteca sin usar más efectivo de otro lado. Corres entonces el riesgo de verte obligado a vender la propiedad; y si esto ocurre en un momento de bajada en los precios, entonces habrás materializado esa pérdida que estabas evitando. Por fortuna, como las tasas de interés han vuelto de manera abrupta y dramática a sus valores históricos, este riesgo es menor de lo que solía ser; por fin, una ventaja para el final de la era del «dinero gratis» que tantos problemas ha causado a los inversores.

Lo que esto tiene en común con todo lo demás que pertenece a la caja de mejorar es que está claro que se trata de un emprendimiento en el que tendrás que intervenir y no te bastará con esperar a que las ganancias se acumulen con el tiempo. Porque, a menos que quieras convertirte en el protagonista de una de esas historias sobre «propietarios malvados» que andan dando vueltas por las redes sociales, tienes la responsabilidad de responder a los mensajes de tus inquilinos cuando la cisterna del inodoro deja de funcionar o la caldera decide morir justo cuando hay una ola de frío polar, y todo eso requiere tiempo. Después de más de quince años, por fin he llegado a construir una cartera que requiere menos de una hora de mi tiempo al mes —y esto mientras todavía la sigo ampliando—, pero para llegar a este punto he tenido que trabajar mucho y dar varios pasos en falso.

Aplicar el apalancamiento a la propiedad te permite (si todo sale bien) hacer crecer tu patrimonio mucho más rápido que si estuvieras haciendo inversiones no apalancadas en tu caja de conservar, lo que significa que marcará una diferencia notable en tu estilo de vida mucho antes. También puedes aumentar todavía más el riesgo en busca de resultados más rápidos e invertir en proyectos inmobiliarios que te permitan vender para obtener ganancias en poco tiempo, en lugar de esperar varios años a que los precios suban.

Concentración: invierte donde tengas una ventaja

Si en 2019 hubieras comprado acciones de la empresa de procesamiento de pagos Square, las habrías pagado a unos setenta dólares, y dos años más tarde[96] habrías disfrutado al ver que tu dinero casi se triplicaba. Pero si hubieras elegido otra plataforma de pagos para comprar sus acciones —por ejemplo, la empresa alemana Wirecard—, te habrías horrorizado al ver el desplome de su valor de ciento cincuenta libras a meros centavos en ese mismo período.[97]

Este es un ejemplo extremo, aunque no particularmente raro, de las oportunidades y los riesgos que conlleva el adoptar una posición concentrada. En una cartera diversificada que esté compuesta de fondos indexados, es posible que hayas estado expuesto tanto a Square como a Wirecard. Pero dado que en la mezcla había miles de otras empresas, incluso esas diferencias dramáticas apenas habrían causado que la aguja de tus inversiones temblara un poco. En contraste, al elegir solo una de estas empresas para tu caja de mejorar, el resultado podría haberte cambiado la vida... o podría haber terminado en la ruina absoluta.

Las personas que en 2021 estaban impulsando las acciones de GameStop, o ciertas criptomonedas relacionadas con un perro, para que alcanzaran un máximo ridículo, ¿crees que estaban «adoptando una posición concentrada»? No, estaban apostando. La diferencia entre una apuesta y una inversión es tener alguna clase de ventaja: información útil que la mayoría de las personas del mercado no poseen.

A veces exploto la información que tengo al estar dentro de la industria inmobiliaria y adopto posiciones tanto a largo como a corto plazo. Por ejemplo, a menudo tengo una idea aproximada de si los resultados trimestrales de una empresa constructora serán enormes o resultarán decepcionantes al interactuar con ellos a través de mi empresa. En caso de que haya algún abogado leyendo esto, quiero aclarar que no se trata de usar información privilegiada: yo nunca sé nada que otra persona no pueda descubrir si se ocupa de investigar. Pero la mayoría de las veces, las personas no se molestan en hacerlo. Esto me permite beneficiarme del salto en el valor de las acciones cuando se revelan los resultados y luego venderlas para asegurar mis ganancias. Para dar otro ejemplo, durante años conservé acciones de un fondo inmobiliario en particular porque creía que el mercado se había equivocado con él: las personas estaban vendiendo sus acciones basándose en un problema que algunos de los fondos de ese sector estaban teniendo, pero que yo sabía por experiencia propia que en concreto este fondo no lo tenía. Tuvo que pasar mucho tiempo, pero al final mi paciencia fue recompensada: las preocupaciones sobre ese problema fantasma se esfumaron, el precio de las acciones se disparó y hace poco tiempo las vendí y obtuve una buena ganancia.

Esta «ventaja» puede provenir de explotar un conocimiento especializado que ya tengas, o de uno que puedas desarrollar. Esto es lo que hace que la cartera de mejora sea tan personal: si te gusta leer sobre el sector biotecnológico por diversión, fantástico, porque es probable que se expanda de manera significativa en los próximos años (favoreciendo así a todos los que participen de él). Pero si la mera idea de leer los resultados de un ensayo clínico te hace llorar de aburrimiento, será mejor que te mantengas alejado.

Y eso no es todo: además de tener toda la información relevante, necesitas tener las características psicológicas necesarias para invertir basándote en ella. Invertir es mucho más duro para la mente de lo que imaginabas: perder dinero da miedo, aunque solo sea de manera temporal, y esto hace que incluso las personas con la cabeza más fría hagan cosas desacertadas. Cuando el precio está bajando, debes poder interpretar, de alguna manera, si es que te has equivocado y debes aceptar las pérdidas, o si el mercado solo está tardando en darse cuenta de que tenías razón. Y cuando las cosas van bien, necesitas saber cuándo es el momento de guardar tus ganancias y retirarte... lo que podría ser incluso todavía más difícil.

Yo presento esto como si fuera una cuestión de todo o nada, pero eso no es así: puedes aprovechar un poco las ventajas de la diversificación y posicionarte en múltiples empresas. El factor limitante es tu capacidad de investigar a fondo e identificar oportunidades verdaderas. Por más extraño que suene, podría ser menos arriesgado invertir en dos o tres empresas que entiendes en profundidad que en diez empresas de las que apenas has arañado la superficie.

Capital humano: el medio máximo para la creación de riqueza

Muchos de los millonarios que son acosados en la calle por *youtubers* entrometidos se han hecho ricos al llevar el principio de la concentración un nivel más allá. Han invertido todo lo que tenían en un único negocio: el propio.

Ya lo sé: decir que «para hacerte rico, solo debes fundar una empresa» no es el consejo financiero más factible que vayas a leer. Pero también es imposible ignorarlo: aparte de haber nacido en una familia adinerada, esta es la ruta más común para llegar a ser rico. Su poder proviene de la combinación de los tres motores de las inversiones para mejorar el estilo de vida: una inversión concentrada, uso del apalancamiento (ya sea financiero u operacional en el caso de contar con empleados), y una enorme inversión de tiempo, esfuerzo y competencia por parte del dueño.

Las entrevistas de James Dumoulin en YouTube dejan entrever la enorme variedad de formas que este camino puede adoptar. Una persona con la que habló era un dentista que se dio cuenta de que podía ganar muchísimo más dinero si tomaba el conocimiento que tenía sobre su industria y hacía algo más que taladrar molares: compró su consultorio (una jugada inmobiliaria) y lo convirtió en una empresa al contratar a otras personas para que trabajaran para él. También había un ingeniero que inventó un remolque de agua potable que terminó usándose en los Juegos Olímpicos, mientras que otra persona que había dejado la carrera de ingeniería fundó una importante marca de ropa casual comercializada en línea.

Desde luego, una empresa no es algo que típicamente puedas tener como una actividad secundaria. Si bien tu tiempo y competencias no son una inversión en el sentido más estricto de la palabra, me gusta considerarlos parte de tu caja de protección: siempre puedes usarlos para cubrir tus gastos si a tus inversiones no les va bien. Entonces, al absorber tu tiempo y evitar que tengas otro empleo, fundar una empresa es arriesgado en términos de pérdida de protección, además de las dificultades más evidentes. Por esto y por muchos otros motivos, empezar una empresa no será lo indicado para la mayoría de la gente, pero hay otras maneras de acceder a los mismos beneficios.

Si tienes el efectivo y la convicción, pero no la competencia ni el deseo de apostarlo todo, entonces puedes usar tu caja de mejorar para respaldar el emprendimiento de otras personas. Esto es lo que hizo Peter Thiel cuando realizó lo que probablemente sea la inversión privada más famosa de todos los tiempos e invirtió quinientos mil dólares en Facebook al inicio, lo que más tarde se convirtió en más de mil millones de dólares cuando la empresa empezó a cotizar en bolsa y él vendió sus acciones.[98]

Invertir en las empresas de otros puede adoptar muchas formas. Una es el capital privado, que es cuando los inversores compran una empresa madura y rentable con el objetivo de hacerla todavía más valiosa y revenderla unos años más tarde. No es muy usual que los individuos se involucren de forma directa, y lo más típico es que inviertan en un fondo de capital privado. A menos que esto represente una porción enorme de tus activos, lo consideraríamos parte de tu caja de conservación, porque lo que hace es diversificar con diferentes inversiones.

Otra opción es convertirte en un ángel inversor, que significa hacer una apuesta de alto riesgo en una empresa que está comenzando, que aún no está generando ganancias y que podría no ser más que una idea en ese momento. La mayoría de estas inversiones no rinden frutos (nunca oyes hablar de todas las otras inversiones de Peter Thiel que terminaron sin valer nada), pero cuando una tiene éxito, el rendimiento es tan alto que compensa a todas las perdedoras y todavía te sobra. La inversión más baja de esta clase suele ser de alrededor de cinco mil libras, es decir, que un individuo podría hacer múltiples inversiones (lo que hace que la empresa sea menos ridículamente arriesgada) por el mismo desembolso inicial que habría sido necesario para invertir en una propiedad.

El problema principal en ambos casos es el del *deal-flow* o flujo de operaciones: ¿cuántos negocios fantásticos tiendes a encontrar que estén dispuestos a entregarte una parte de la empresa a cambio de tu dinero? Existen plataformas de «financiación colectiva» que combinan ofertas y que han producido un puñado de grandes ganadores, como Monzo, Oculus y BrewDog; pero no debería sorprendernos que las mejores oportunidades siempre lleguen a personas que ya están dentro de la industria en lugar de al público general.

De todos modos, si te mueves en los círculos indicados (o estás dispuesto a dedicar tu tiempo a hacerte un lugar en ellos), respaldar el negocio de otra persona es una alternativa viable a empezar el tuyo propio. Si tienes un colega que está a punto de renunciar a su trabajo para hacer algo por su cuenta, es posible que convertirte en un accionista minoritario de su empresa dé buen resultado, sobre todo si tienes la experiencia para validar la oportunidad, juzgar su capacidad de ejecución y ofrecer consejos sobre la marcha.

Incluso guiándonos por los estándares de la caja de mejorar, esta clase de inversión se encuentra situada con firmeza en el extremo más alejado del espectro riesgo/recompensa. Invertir todo lo que tienes en una única oportunidad sería una locura, y es por eso que es importante medir bien estas cajas desde el principio y luego introducir cierta diversificación dentro de él.

Por ejemplo, yo he sido un ángel inversor solo una vez, lo fui con la empresa emergente de tecnología de una amiga. Sé que ella es brillante y me entusiasma formar parte de su recorrido emprendedor. Pero soy muy consciente de que no importa la alta estima que yo le tenga y lo valiosa que me parezca la oportunidad, porque la mayoría de los negocios fracasan y hay más probabilidades de que yo pierda todo ese dinero que de hacerme rico. Si esa inversión representara una parte considerable de mis activos invertibles, el riesgo sería descomunal. Pero, por fortuna para mis niveles de cortisol, es solo una pequeña fracción de una caja de mejora que también incluye mi propio negocio e inversiones inmobiliarias apalancadas... y esta en sí misma existe junto a las otras dos que se ocupan de mi seguridad y protección a largo plazo.

«Si yo puedo hacerlo, cualquiera puede»

Detrás de esas entrevistas a millonarios hay una verdad incómoda que necesitamos reconocer: a las personas que empiezan un negocio que fracasa, o que fundan una empresa de desarrollo inmobiliario que los lleva a la bancarrota, nunca se les pone un micrófono delante cuando hacen sus negocios cotidianos. Esto de idolatrar a los ganadores mientras se ignora a los perdedores se conoce como sesgo de supervivencia, y es el motivo por el que la mayoría de las personas sobrestima las probabilidades de tener éxito en los negocios, en las inversiones o en cualquier otra área con resultados tan excepcionales que llaman la atención.

Las reseñas de este libro seguro que serían mejores si te dijera que, si te esfuerzas y crees en ti, lograrás lo que sueñas, pero yo no puedo hacerlo. Jamás tendrás la garantía de alcanzar tus metas aspiracionales: lo único que puedes hacer es intentarlo, y si fracasas, puedes retroceder más que si solo te hubieras quedado con las cajas de protección y conservación.

Es por eso que hallar el equilibrio justo entre las tres cajas es tan importante. A menudo, lo que hace que una inversión sea un intento descabellado de todo o nada o un simple billete de lotería barato no es la naturaleza de la inversión en sí misma: es el *tamaño* de la inversión. Así que en la Conclusión reuniremos todo lo que hemos cubierto para crear un plan de acción y echaremos un vistazo a algunos ejemplos reales que podrían servirte de inspiración.

CONCLUSIÓN La libertad financiera está más cerca de lo que crees.

CONCLUSIÓN

Guía para acabar con los mitos y alcanzar la libertad financiera

Cuando empecé a descubrir la verdad sobre los mitos financieros que comparto en este libro, estaba tan sorprendido como —en palabras de Douglas Adams— un hombre que, habiéndose creído completamente ciego durante cinco años, de pronto descubre que simplemente había estado usando un sombrero demasiado grande.

Hace tiempo que sospechaba que poner toda la confianza en los mercados no tendría tan buenos resultados como lo había tenido para la generación de mis padres, pero no había anticipado lo equivocados que estaban los consejos financieros tradicionales. No importaba cuánto economizara en *lattes* con leche de avena, o incluso en el alquiler, no había manera de ahorrar lo suficiente para alcanzar la independencia financiera. Las acciones y los bonos no eran apuestas tan seguras como me habían dicho. Y comprar mi propia casa no solo no era mi máxima meta, sino que sería un uso poco efectivo de mi dinero dados mis planes para el futuro.

A medida que empecé a hacer cambios en mi vida financiera que reflejaban las realidades que ahora entendía, sucedió algo curioso: empecé a pensar mucho menos en el dinero. No es que haya renunciado a todas mis posesiones terrenales, pero ahora no necesito pensar tanto en el dinero porque tengo un plan simple que acorta el camino de todas las complejidades e incertidumbres. No necesito preocuparme de lo que vaya a suceder con el mercado de valores ni de las políticas que un partido político vaya a adoptar, porque tengo una convicción absoluta de que estoy siguiendo una estrategia que funciona y que deja el resultado bajo mi control.

Para mí, esta transformación tuvo lugar a lo largo de una década mientras iba descubriendo aleatoriamente las piezas que me hacían falta para completar el rompecabezas, y tras varios errores entre medio que me hicieron retroceder todavía más. En tu caso, esto no tiene por qué llevar tanto tiempo, porque tú puedes hacer esos cambios en un orden lógico, dejándote guiar por algunos modelos claros. Así que en este capítulo final te presentaré un plan de ocho pasos que puedes seguir, y describiré cómo sería hacer esta transformación en diferentes etapas de la vida.

Ocho pasos para tener un mejor futuro financiero

1: Recorta los gastos que sean fáciles de recortar

Ahora sabemos que es un mito lo de que puedes hacerte rico solo ahorrando. Pero si abrazas la idea de los gastos conscientes, podrías hacer algunos recortes sin sacrificar nada de lo que es importante para ti.

Si en este momento no puedes poner nada de dinero en tu cuenta de ahorro ni invertirlo, es fundamental corregir esto porque desbloquea todos los pasos que siguen: no puedes progresar si estás gastando todo lo que ganas. De todos modos, no es necesariamente cierto que hacerlo rápido es mejor. Incluso si pudieras hacer algunos recortes más radicales, yo todavía defiendo la idea de vivir para el presente, pero con un ojo en el mañana. Este abordaje más lento y constante es más sostenible. Y como hay algunas experiencias que solo puedes experimentar cuando eres joven, no tiene sentido pasar décadas privándote de cosas.

2: Prepara tu protección básica

La mayoría de las personas dirían que estar protegidos es esencial, que mantener su estilo de vida es altamente deseable y que sería fabuloso alcanzar las metas aspiracionales. Dado este orden de importancia, tiene sentido que nos aseguremos cierto nivel de protección antes de hacer nada.

Por tanto, lo primero que debes hacer es empezar a llenar tu caja de protección. Como mínimo, incluirá un fondo de emergencias (vuelve al capítulo 4 para recordar cómo calcular su tamaño). Se puede argumentar que, si estás ahorrando dinero para algún otro gran activo de protección, como una vivienda, puedes tomar prestado de esos ahorros en caso de que sea necesario: tener un apartado para emergencias solo significa que tienes más efectivo desvaneciéndose ante la inflación. Eso tiene sentido desde la lógica, pero a la gente le gusta tener mentalmente separados esos dos ahorros distintos, y les resulta difícil ver cómo las aspiraciones de comprar una casa se ven retrasadas por tener que recurrir a esos ahorros para cubrir una emergencia.

3: Decide qué quieres hacer con tu casa

Quizás mi argumento del capítulo 4 ya te haya convencido de que poseer una casa no te hará fabulosamente rico, pero de todos modos, por toda una serie de motivos prácticos y emocionales, esto sigue siendo parte de los planes de muchas personas. Si ya eres propietario o estás pagando la hipoteca, puedes saltarte este paso; pero si todavía estás decidiendo si vas a comprar o no, tienes tres opciones.

1. **Priorizar la compra de una casa.** Todos tus ahorros se destinarán a un depósito; y, desde luego, debes guardarlos en una cuenta bancaria en lugar de invertirlos en cualquier cosa que pueda perder valor a lo largo de un período de tiempo prolongado.
2. **Priorizar las inversiones.** Empieza el proceso de acumular intereses compuestos lo antes que puedas y añade inversiones a

tu caja de conservación. Cuando tus ganancias aumenten en el futuro, podrás destinar el dinero adicional al depósito de una vivienda.

3. **Haz una combinación.** Podrías invertir, por ejemplo, la mitad de tus ahorros mensuales para poner en marcha el mecanismo de los intereses compuestos y destinar la otra mitad a un depósito.

No hay una respuesta correcta. Nadie puede decirte qué es lo mejor para ti; de hecho, ni siquiera tú sabes en realidad qué es lo mejor para ti porque estás tomando decisiones basándote en expectativas para un futuro que puede cambiar sin previo aviso. Por ejemplo, conozco personas que habían estado ahorrando mucho para comprar una casa y luego recibieron una oferta laboral en otro país, lo que hizo que esa compra fuera de pronto irrelevante.

Pero debes tomar esta decisión lo mejor que puedas y, en mi opinión, debería ser una decisión práctica y emocional en lugar de financiera. Como vimos en el capítulo 4, una casa no tiene nada de mágico: ser propietario de tus activos es fundamental, pero no es necesario que vivas en esos activos. Cuando haces todos los cálculos y tienes en cuenta el coste de oportunidad, ser propietario de tu propia casa no suele ser la estrategia ganadora: tener otros activos (que podrían incluso ser propiedades de inversión) puede ser igual de efectivo. Como las cosas cambian tanto con el paso del tiempo, es imposible saber cuál será la mejor inversión financiera. Así que, en lugar de concentrarte en eso, presta atención a factores de tu estilo de vida, como cuánto valoras la seguridad frente a la flexibilidad.

Para la mayoría de las personas, lo más probable es que la opción de «hacer una combinación» sea la mejor manera de seguir adelante. Por ejemplo, si tienes un empleador que iguale cualquier aportación que hagas a la jubilación, eso es dinero gratis, y tendría sentido aprovecharlo hasta el máximo de la aportación. Más allá de eso, cualquier ahorro adicional podría ir a un depósito.

4: Calcula el tamaño de tus cajas

Cataloga cualquier inversión que ya tengas haciendo uso de lo que has aprendido en el capítulo 3 para dividirlas entre protección, conservación y mejora. Al finalizar, deberías tener un gráfico circular (literalmente, si es que has usado una hoja de cálculo o, si no, puedes hacer un boceto en el reverso de un sobre) que te muestre cómo se dividen tus inversiones entre las tres «cajas». En cambio, si todavía no tienes ninguna inversión, piensa en cómo te gustaría que estuvieran equilibradas para saber hacia dónde te diriges.

A continuación, evalúa cuánto coincide la distribución actual con lo que «debería ser» teniendo en cuenta tu presente situación de vida, tus metas y en qué parte del espectro de «temor a la pérdida versus deseo de ganar» te encuentras. Si te pareces en algo a mí, es posible que la desconexión entre ambas cosas te asombre: cuando yo mismo realicé este ejercicio, descubrí que mis inversiones eran mucho más cautelosas de lo que recomendaría para alguien de mi edad, sed de riesgo y capacidad de recuperación después de un revés.

Quizás te veas a ti mismo como una persona joven, dinámica y ambiciosa, y te sorprenda descubrir que no tienes absolutamente ningún activo que puedas «mejorar», lo que más adelante te conducirá a una vida cómoda, pero no sirve de nada si sueñas con transformar tu estilo de vida o jubilarte temprano. Por el contrario, tal vez seas una persona cautelosa por naturaleza y te des cuenta de que tienes demasiadas inversiones para dicha finalidad: has estado eligiendo acciones individuales y no tienes una casa propia, lo que podría hacer que te aguarde una fea sorpresa si el mercado llegara a desplomarse.

Es importante recordar que ese ejercicio lo debes hacer basándote en la situación en la que estás hoy en día, no en la que esperas estar en el futuro. Tu distribución de activos ideal variará con el paso del tiempo a medida que tus prioridades cambien, que tu horizonte temporal se reduzca y tu actitud evolucione: es muy poco probable que dentro de veinte años te parezca «ideal» la misma combinación de activos que hoy en día. Esto te quita algo de presión. Estás decidiendo cuál es el mejor paso siguiente, y esto puedes revisarlo todo el tiempo; no estás tomando una decisión irreversible que determinará el resto de tu vida como inversor.

5: Haz una auditoría de tu caja de conservación

Si ya tienes inversiones para conservar tu estilo de vida, vuelve a revisarlas después de haber leído sobre el mito de la diversificación en el capítulo 6. ¿Son de verdad tan diversas?

Si eres como muchas personas, seguro que tendrás más que nada acciones, probablemente en su mayoría de Estados Unidos o de tu propio país. Ahora que entiendes que esto no es estar diversificado de verdad y que hay muchas situaciones en las que esto no te protegerá, evalúa cómo te sientes al respecto: ¿estarías cómodo con una reducción del 50%? ¿Estarías dispuesto a suavizar esa caída a cambio de una pequeña reducción en el rendimiento de todos los años?

Si has descubierto la necesidad de hacer un reajuste, regresa al capítulo 6 y considera qué activos quieres incorporar para añadir mayor diversificación, y hasta qué punto quieres hacerlo. Para ello, no es necesario que vendas algo que ya tienes: simplemente es cuestión de concentrarte en activos nuevos en tus compras futuras para que tu cartera esté cada vez más diversificada.

Al tomar esta decisión, recuerda: el trabajo que ya has hecho para dividir de manera apropiada las diferentes cajas es mucho más importante que la división dentro de cada una, así que te animo a que sigas adelante sin detenerte demasiado en los detalles. La diferencia que marquen tus decisiones será mínima, y es mejor conservar tu tiempo y atención para pasos futuros. Además, como lo más probable es que no vayas a hacer contribuciones enormes al principio, habrá poco en juego y tendrás tiempo de sobra para hacer ajustes más adelante.

6: Construye tu «mecanismo de intereses compuestos»

Ya sea que estés agregando algo a tus inversiones de conservación o empezando desde cero, prepárate para aprovechar los beneficios de los intereses compuestos sin dedicarles más atención de la debida. Para hacer esto, debes «construir» un mecanismo diversificado, automatizado, que no requiera esfuerzo y sea constante.

La solución ideal es programar una transferencia automática todos los meses desde tu cuenta bancaria a la plataforma de inversiones que prefieras, y luego programar una orden recurrente para comprar las inversiones que quieras acumular. Si no lo haces, es posible que tu fallido «*software* humano» haga que cometas un error, ya sea olvidándote o dudando de si es una buena idea o no invertir más dinero en un momento dado. En lugar de eso, aprovecha tu pereza y haz que las buenas prácticas de inversión sucedan por sí solas, y que desviarte de ellas requiera un esfuerzo activo por tu parte. El par de horas (máximo) que te lleve organizar esto te brindará el rendimiento más alto por tiempo invertido que jamás vayas a recibir.

7: Trabaja en ganar más

Quizás tienes suficiente efectivo invertible para repartirlo en todas tus cajas de inversión. Quizás te falte un poco, pero no mucho. O, lo que sería menos afortunado, quizás te encuentres muy lejos de poder invertir para tu futuro o para mejorar tu vida hoy mismo.

Si te encuentras en este último grupo, estás en buena compañía: incluso después de dar el primer paso de hacer un recorte consciente de sus gastos, muchos de los lectores de este libro no podrán alcanzar sus metas de inversión de inmediato. Pensándolo bien, sería raro que pudieran hacerlo: serías más que afortunado si tuvieras unas finanzas estupendas incluso antes de dedicarles algo de atención, del mismo modo que no esperarías estar en forma antes de empezar a ir al gimnasio o de comprarte un par de zapatillas deportivas.

Así que probablemente prefieras estar en una mejor posición de la que tienes ahora, aunque tan solo ser consciente de esa distancia es un paso mayor de lo que parece, porque ahora puedes empezar a hacer algo al respecto. Y cuando se trata de hacer algo al respecto, solo hay un factor que está completamente bajo tu control: ganar más.

¿Y eso por qué?

- Ya has abrazado el concepto de los gastos conscientes, así que ya no puedes seguir recortando tus gastos sin sacrificar tu estilo de vida actual.
- Sabes lo que necesitas para estar protegido y no hay forma de reducir eso.
- No puedes obligar al rendimiento promedio de una cartera de activos financieros diversificados a ser más alto de lo que es.
- Puedes hacer apuestas (y quizás lo hagas) con un potencial de revalorización más grande en la caja para mejorar. Pero esa es una habilidad muy diferente que debes aprender, y esas inversiones llevarán tiempo en rendir fruto.

Sin embargo, ganar más es algo en lo que puedes empezar a trabajar hoy y quizás, a estas alturas, la semana próxima ya hayas ganado algo adicional (aunque sea poco). Cualquier ganancia adicional le dará un empujón a tus inversiones, ya que te permitirá comprar más de aquello en lo que te estés concentrando en este momento.

Ya sea que esas ganancias adicionales provengan de encontrar la manera de obtener un aumento, lanzarte a trabajar de manera independiente o conseguir un segundo trabajo, puedes dirigirte al capítulo 2 para leer algunas ideas.

8: Investiga inversiones para «mejorar»

Ya te has ocupado de dos de tus cajas: has ordenado la de protección (con un fondo de emergencia y algunos pasos hacia la compra de una vivienda si eso era una prioridad para ti) y has iniciado el mecanismo de los intereses compuestos que llenarán la de conservación.

Detengámonos un momento para reconocer el estupendo logro que eso significa: ya tienes un plan en orden, uno que se llevará a cabo de manera automática y te asegurará el futuro sin que tengas que interesarte en lo más mínimo por los mercados financieros.

Pero ¿qué pasa si quieres llegar a eso antes y, mientras lo haces, viajar en primera clase? Entonces recuerda el séptimo mito: puedes ganarle al mercado, al menos dentro de los límites de tu caja para mejorar. Si estas inversiones tienen un buen rendimiento (algo que, como ya lo hemos visto, depende de tu tiempo y habilidades), te permitirán mejorar tu calidad de vida ahora, retirarte antes, o simplemente elegir los cruceros más extravagantes una vez que llegues a la edad estándar de jubilación.

Quizás te sobre algo de dinero que puedas destinar a mejorar, pero no lo suficiente para empezar con la clase de activos que quieres, como la inversión en propiedades. Está bien: puedes empezar a ahorrar dinero en una cuenta dedicada que pueda destinarse a este tipo de inversión en el futuro y, mientras tanto, ir ampliando tu conocimiento leyendo y aprendiendo sobre el tema. Tal vez no lo sientas así, pero esa es la mejor manera de empezar. Las personas que entran con montones de dinero y poco conocimiento son las que cometen los errores más costosos.

Cómo poner tu plan en marcha

Por más que haya intentado darte una serie simple de acciones que puedes llevar a cabo, la mayoría de los pasos requieren que uses tu propio juicio en lugar de aplicar una «regla» genérica. Y eso, lo sé muy bien después de haber pasado yo mismo por este proceso, puede intimidar.

Así que, si bien todas las situaciones personales son únicas, a veces es útil y tranquilizador ver qué decisiones toman los demás. Para eso, veremos algunos ejemplos de cómo personas en diferentes situaciones de vida podrían actualizar sus planes para reflejar mejor su realidad financiera.

Ricos en vivienda, pobres en efectivo

Mick y Sam tienen cincuenta y pocos años y su caja de protección está rebosando: más allá del fondo de emergencias, han destinado todos sus ahorros a terminar de pagar la hipoteca. Celebraron que ambos cumplían 50 años haciendo la llamada para ordenar el último pago y descorcharon una botella de cava cuando recibieron la confirmación de que la cuenta estaba saldada y que la casa era totalmente suya.

Esto ha hecho que estén en una posición supersegura en la actualidad; sin embargo, no tienen casi nada en cuestión de activos para conservar o mejorar que los vaya a ayudar en el futuro. Bueno, en realidad algo tienen: por haber estado registrados en el plan de pensiones que ofrece su lugar de trabajo desde hace una década, tienen un total de treinta mil libras en acciones y bonos. Si continúan a este ritmo, solo tendrán sesenta mil libras para cuando alcancen la edad de jubilación, lo que solo les ofrecerá un ingreso de dos mil cuatrocientas libras por año de jubilación. Sin embargo, ambos calificarían para una pensión estatal en el Reino Unido. En total, están de camino a obtener un ingreso combinado de alrededor de veinticinco mil libras durante la jubilación.

Eso no está tan mal, sobre todo dado que también tienen la opción de liberar algo más de dinero si se mudan a una casa más pequeña o a una zona más barata ahora que sus dos hijos se han mudado. Pero no es ideal, porque dependen del Estado para casi la totalidad de sus ingresos, lo que significa que no pueden jubilarse de sus trabajos de oficina hasta que cumplan los 66. Idealmente, a los dos les gustaría dejar de trabajar antes. Sueñan con viajar por el mundo y quieren hacerlo mientras todavía tienen la salud necesaria para disfrutar de todas las actividades que les gustan.

Las buenas noticias son que, ahora que han pagado la hipoteca, pueden aumentar sus inversiones. Antes dedicaban mil libras mensuales a la hipoteca, así que ahora esa cantidad está destinada a la caja de conservación. Esto significa que, para cuando cumplan 65, tendrán unas más que saludables 376.000 libras, lo que les permitirá retirar al menos quince mil libras al año y así llevar el total de sus ingresos por la pensión a 36.200 libras.

Sin embargo, esto sigue dependiendo de que trabajen hasta la edad en la que comienza el apoyo estatal. Para cuando tengan 60, solo podrán retirar 9240 libras de sus propias inversiones, lo que no es suficiente para dejar de trabajar.

Mick y Sam son un ejemplo perfecto de una pareja para la cual el milagro de los intereses compuestos no es tan milagroso, pero tienen dos opciones para compensarlo. La primera es destinar esas mil libras mensuales que les sobran a la caja para mejorar en lugar de a la de conservar. Quizás opten por seleccionar acciones, comprar una propiedad u otra cosa completamente diferente. Pero si consiguen capitalizar sus inversiones un 15 % anual por encima de la tasa de inflación (en lugar del 5 % que he estado dando por hecho), para cuando tengan 60 años estarán generando unas asombrosas sesenta mil libras anuales. Eso les permitiría dejar de trabajar al menos cinco años antes de lo planeado y viajar por el mundo. Sería toda una hazaña, y sería un camino repleto de riesgos, pero sigue siendo una opción.

La segunda es aumentar sus ingresos. Si Mick desarrollara las competencias y conexiones que tiene, podría convertirse en un trabajador autónomo y ganar el doble por la misma cantidad de tiempo. Cuando estén listos para viajar, podría trabajar para sus clientes de manera remota y hacer viajes más extensos mientras sigue trabajando a media jornada. O, en lugar de destinar las mil libras a algunas inversiones, Sam podría dedicarlos a la creación de un nuevo negocio con la idea de entregárselo a un empleado para que lo gestione dentro de cinco años.

En caso de que no acepten el camino estándar, tienen otras opciones, y en diez años sus finanzas podrían verse muy diferentes. Sin embargo, debido al momento de la vida en el que se encuentran, depender solo de los intereses compuestos no será suficiente: cualquier cosa que hagan requerirá esfuerzo e involucrará cierto riesgo.

Cuando las inversiones pueden esperar

Afsheen tiene 26 años, trabaja como gestora de redes sociales en una gran ciudad y gana veintiocho mil libras al año. Comparte un apartamento con un amigo, lo que absorbe gran parte de sus ingresos y hace que le cueste ahorrar ni siquiera un poco de dinero.

Algunos de sus amigos todavía viven con sus padres y ahorran mucho para comprar una casa, pero a Afsheen esa idea le parece insoportable.

Para empezar, le encanta vivir en el centro de la ciudad y regresar a los suburbios con su familia sería un sacrificio demasiado grande para su estilo de vida actual. Además, no tiene idea de dónde querrá vivir dentro de cinco años: quizás conozca a una persona con la que se quiera mudar, o tal vez intente vivir y trabajar en alguna parte del mundo completamente diferente.

Algo que Afsheen tiene a favor es el generoso plan de pensiones de la empresa para la que trabaja: si aporta el 5 % de su salario, su empleador lo igualará y aportará otro 5 %. Lo está haciendo ahora casi sin darse cuenta, porque sus contribuciones se deducen todos los meses del recibo de pago antes de que el salario llegue a su cuenta bancaria. Esto hará maravillas en su caja de conservación: cuando tenga 65 (con un rendimiento promedio del 5 % por encima de la inflación), habrá acumulado 335.000 libras, de las cuales ella solo habrá aportado cincuenta y cinco mil de manera personal. Desde luego, esto presupone —de manera muy poco realista— que jamás recibirá un aumento de sueldo, así que la realidad será mucho mejor.

Con todo esto en mente, Afsheen puede ser mucho más optimista con respecto a sus finanzas de lo que parecería a primera vista. Incluso si hoy en día no está ahorrando nada (aunque después de hacer una auditoría de gastos consciente seguro que consigue ahorrar algo), estará bien, siempre y cuando se resista a una inflación absoluta del estilo de vida y destine parte de sus aumentos futuros a invertir. Incluso, si quiere, sus inversiones podrían tender más a la caja más arriesgada de mejora porque la de conservación se está cuidando sola.

Si yo hablara con Afsheen, le sugeriría que no se preocupara demasiado por las inversiones y que se concentrara en prepararse lo mejor posible para que le den unos aumentos considerables en el futuro. Para cuando tenga 40 años, podría haber escalado la escalera corporativa hasta convertirse en directora de marketing con un salario de seis cifras. La alternativa sería intentar reducir la conexión tiempo-dinero y convertirse en una consultora de marketing autónoma, lo que podría hacer que ganara todavía más dinero. Sea como sea, puede usar algunas de las ideas del capítulo 2 para hacer que eso suceda.

A diferencia de Mick y Sam, Afsheen tiene el tiempo de su lado. Esto significa que (con la ayuda de un empleador generoso) su caja de conservación irá creciendo, incluso si los rendimientos no son estelares. También tiene la sensatez de reconocer que poner una casa en su caja de protección no es lo indicado para ella en este momento. Si respalda esto con una estrategia intencional en su carrera profesional, pronto podría empezar a superar a sus amigos. ¿El resultado? Puede aprovechar al máximo su vida ahora... mientras se prepara para un futuro lucrativo.

Correr riesgos para comprar la libertad

Amara se ha graduado como abogada hace poco, pero jamás entrará en un tribunal, porque gracias a su expediente académico y algunas entrevistas extenuantes ha conseguido un trabajo como analista para un importante banco de inversiones. Está empezando con un considerable salario de cuarenta mil libras, pero este es solo el inicio de sus envidiables ganancias: para cuando tenga 30 años, debería estar ganando sin problemas 150.000 libras de salario base, lo que podría verse duplicado por los bonos en los años que mejor le vaya.

Amara ha visto las dos opciones que le brinda ese trabajo en un banco de inversiones. Por una parte, ve a sus colegas mayores que tienen 50 años y ganan bastante dinero, aunque siguen dependiendo por completo de un trabajo que les exige una severa semana laboral de sesenta horas. El estilo de vida que llevan se ha inflado al nivel de sus ganancias con viviendas grandes, casas de vacaciones en la costa y niños en escuelas costosas. Por otra parte, ha visto lo que parece ser una estrategia más inteligente de algunos amigos que tienen un par de años más que ella: pasan cinco años viviendo con moderación, y luego renuncian al trabajo con un abultado colchón de ahorros para hacer algo más placentero que trabajar en un banco de inversiones (que, hasta donde yo sé, incluye a casi todos los trabajos).

Amara respeta a los amigos que han elegido ese segundo camino, pero piensa que no es el indicado para ella. Si va a pasar sus veinte años trabajando duro, también quiere divertirse y disfrutar de su estilo de vida, no salir del trabajo a las diez de la noche ni viajar una hora hasta los suburbios donde, si quiere ahorrar dinero, debería vivir con sus padres.

Es por eso que Amara elige el tercer y más inusual camino de llenar temprano su caja de mejora. En primer lugar, se asegura de que su caja de protección esté repleta ahorrando para comprarse un apartamento de dos habitaciones y alquilando la habitación adicional a una de sus mejores amigas para cubrir parte de la hipoteca. Lo fundamental es que esto no compromete su estilo de vida: de todos modos elegiría vivir con una amiga y además pasa casi todo el día en el trabajo. Luego omite la caja de conservación, porque reconoce, correctamente, que tiene demasiado tiempo a su favor y que no habrá mucha diferencia si no empieza a hacer inversiones hasta que tenga los 30. Puede que el mercado de acciones parezca la elección más natural para su caja de mejora dada su profesión, pero cada vez se ve más atraída por las propiedades y tiene algo de conocimiento de ello por familiares que han construido sus pequeñas carteras.

Para cuando llega a los 30, está en camino de tener siete propiedades que producen una ganancia por alquiler de dos mil cien libras mensuales. Esa no es una cantidad extraordinaria de dinero, pero, acostumbrada como está a mantener bajos sus gastos, es suficiente para comprarle la libertad. El ingreso regular (junto con un robusto fondo de emergencias) bastaría para mantenerla durante un par de años mientras viaja por el mundo, o para ofrecerle un colchón que le permita pedir algo de tiempo en el trabajo para hacer algún curso de perfeccionamiento, formar una familia o permitirse marcharse a un puesto de trabajo que pague menos, pero que sea más gratificante (que, una vez más, podría ser casi cualquier otro).

Estas son opciones que Amara solo tendrá cuando todavía es joven, y valen infinitamente más que una pensión abultada que solo tendrá a su disposición dentro de varias décadas. No escapará de la rutina ajetreada tan rápido como sus pares más moderados, pero aprovechará al máximo su juventud y la vida en la gran ciudad. E incluso si las cosas no resultan como ella planea y hace una serie de inversiones desastrosas, siempre puede vender todo lo que tiene con pérdidas manejables...

y aun así empezar a construirlo todo de nuevo antes de la edad en la que la mayoría de las personas empiezan por primera vez.

De cero a una jubilación temprana en veinte años

Aidan tiene 30 años y se siente un poco desesperanzado. Tiene un empleo que consiste en... bueno, ni siquiera vale la pena describirlo porque es tan aburrido que parece consumirle el alma.

Quiere comprar pronto una casa con su novia porque desean formar una familia sin tener la preocupación de que un propietario caprichoso decida echarlos de la casa. Tampoco tiene ganas de trabajar hasta la edad de jubilación normal: su padre murió joven y tiene muchos deseos de poder dejar de trabajar a los 50 para tener mucho tiempo para hacer las cosas que le gustan en lugar de perder el tiempo con hojas de cálculo.

Hasta ahora, Aidan siempre ha ido a la deriva. Nunca le fue espectacularmente bien en la escuela, pero es inteligente y le gusta aprender, es solo que todavía no ha desarrollado ninguna competencia que sea valiosa fuera de su rol actual. Sin embargo, ahora, impulsado por la llegada de su 30 cumpleaños, está listo para hacer algunos cambios.

Aidan podría empezar a tomarse con más seriedad su carrera: estudiar para perfeccionarse, desarrollar competencias y hacer cambios de trabajo estratégicos para avanzar hacia un salario mucho más alto en un puesto de trabajo más gratificante. Pero no quiere esperar tanto, y para cuando termine de ahorrar para la casa, unos quince años de intereses compuestos no bastarán ni de cerca para llevarlo a donde quiere estar a los 50, cuando le gustaría jubilarse.

Así que Aidan aprovecha el hecho de que se pasa el día sentado frente a un escritorio (a menudo en su casa) y que nadie parece haberse percatado de que en realidad solo tiene unas tres horas de trabajo real que hacer en todo el día. Comienza a leer sobre diferentes modelos de negocios y, después de seis meses, empieza su propia tienda en línea vendiendo máquinas para hacer ejercicio: los consigue en otra parte del mundo y coordina para que los pedidos se entreguen directamente a los clientes sin necesidad de tener existencias en un almacén propio ni de hacer grandes compromisos por adelantado. Ahora se levanta más temprano para dedicar un par de horas a concentrarse en su negocio antes de empezar con su trabajo de siempre, y durante la jornada laboral consigue también dedicarle bastante tiempo a su negocio.

Durante un año, Aidan no gana nada de dinero. Pero está aprendiendo y el negocio solo le cuesta unas cien libras mensuales. En su segundo año, Aidan obtiene una ganancia de diez mil libras. En su tercer año, gana más que su salario. Esto significa que gana tanto en total que, si combina sus ahorros con los de su novia, podrían comprar una casa propia.

Al fin, en su cuarto año, renuncia a su empleo y, con el tiempo extra que le queda, no solo puede aumentar sus ganancias todavía más al trabajar más en su empresa, sino que también puede pasar tiempo suficiente con su hija recién nacida. Si vende su negocio o contrata a un equipo para que lo gestionen otras personas, Aidan está bien encaminado para tener control absoluto sobre su tiempo mucho antes de cumplir los cincuenta años.

El millonario desorganizado

Ken tiene cuarenta y pocos años y, desde que dejó de estudiar, ha estado dirigiendo una empresa de telecomunicaciones con uno de sus mejores amigos. Ha considerado vender el negocio, pero no tiene mucho sentido hacerlo cuando todavía lo disfruta: le gusta viajar para reunirse con clientes y le resulta gratificante ayudar a sus empleados más jóvenes a desarrollar sus habilidades.

El negocio ha tenido algunos clientes durante más de una década, y los contratos a largo plazo hacen que sea altamente rentable. La empresa no necesita retener demasiado efectivo, así que Ken y su cofundador dividen las ganancias entre ellos… y él siempre se queda con mucho más de lo que necesita para cubrir los gastos de su estilo de vida. A pesar de tener hijos en una escuela costosa, tomarse múltiples vacaciones a destinos internacionales y no tener ni una sola aplicación para gestionar el presupuesto en su iPhone de última generación, jamás tiene problemas con el dinero.

Ken ha resuelto la parte de la ecuación que tiene que ver con ganar dinero, pero sus inversiones son un desastre. Compra algunas acciones según las recomendaciones de sus amigos, ha hecho un par de pequeñas inversiones privadas en empresas fundadas por conocidos y hace años que tiene una propiedad de inversión.

La caja de protección de Ken está llena (es dueño de su casa y tiene efectivo de sobra), pero la de conservación está vacía. Lo que es todavía peor, no le ha dedicado ni el tiempo ni la concentración necesarios a los activos de su desbordante caja de mejora. Si hiciera los cálculos (algo que jamás ha hecho), probablemente descubriría que sus inversiones tienen peor rendimiento de lo que tendrían si fueran una colección aburrida y diversificada de activos de conservación. Incluso podría estar perdiendo dinero y no se enteraría.

Siempre que Ken siga ganando mucho más dinero de lo que necesita, esto no tiene otras consecuencias que darle escalofríos a alguien como yo al ver esa falta de organización y el potencial desperdiciado. Efectivamente, cuando venda la empresa, podría terminar con una suma de dinero tan grande que le alcance a él y a su familia para siempre, pero si no lo aborda de manera más estructurada, corre el riesgo de malgastar la mayor parte de ese dinero en «inversiones» que son más bien un juego de apuestas.

Mi consejo para Ken sería que dejara de hacer inversiones para mejorar por el momento y ocuparse de poner en forma su caja de conservación. Ya has visto que esto no requiere ninguna clase de conocimiento sobre el mercado de valores, pero a Ken no le vendría mal un asesor financiero si quiere alguien que se asegure de que invierta de manera constante y sensata. Por más que esté empezando tarde, está ganando lo suficiente para compensar esa brecha; y si quisiera, podría vender algunas de sus inversiones de mejora más líquidas para tener más fondos de inmediato.

Luego, si descubre un interés por alguna clase en particular de activo para mejorar, tendrá efectivo de sobra para empezar a invertir en él... después de investigar y aprender todo lo que se había saltado hasta el momento. ¿Y si no tiene ningún interés en absoluto? No hay problema: su negocio ya representa de todos modos una inversión para mejorar. Al dedicarle menos tiempo a incursionar en las inversiones, incluso podría tener la oportunidad de concentrarse más en su negocio y aumentar su valor comprando a alguno de sus competidores o añadiendo servicios nuevos.

Tú puedes manejar la verdad

Es cierto: salir adelante en lo financiero es más difícil hoy de lo que ha sido en generaciones. El enfoque simple y genérico para invertir que te han dicho que adoptes podría dejarte peligrosamente con poco. Y la jubilación —esos años dorados en los que por fin puedes disponer de los frutos de tu arduo trabajo— fue una anomalía histórica que se evapora justo cuando tú te empiezas a acercar a ella. Qué deprimente, ¿verdad?

Bueno, no... para nada. Porque desde que he desmentido estos mitos y he puesto en marcha un plan alternativo, me siento más positivo que nunca con respecto a mi dinero, mi carrera y mi vida en general.

Creo que la razón se reduce a lo siguiente: incluso si los «viejos» métodos continuaran funcionando, ellos dependen de que pongas tu fe en otras personas. Todo es estupendo, siempre y cuando los mercados financieros no colapsen, tu empleador decida quedarse contigo y un cambio de políticas gubernamentales no causen estragos en tus planes. Existe un cuerpo enorme de investigaciones que demuestran que sentir que dependes de otras personas es malo para la salud, tanto mental como física.

El enfoque que he delineado aquí les quita el poder a los políticos dudosos y a los mercados financieros opacos y lo pone firmemente de vuelta en tus manos. Puedes controlar tus ganancias, maximizar los beneficios de esa poderosa palanca y sentirte empoderado por ser tú quien tome las decisiones. Puedes ser astuto con tus ahorros y ser consciente de tu futuro sin sentirte culpable por lo que disfrutes en el presente. Puedes invertir con inteligencia: automatizar la mayoría de las inversiones menos importantes y dedicarte de lleno a las pocas áreas en las que tus esfuerzos y competencias sí marcan una diferencia notable. Y poco a poco puedes construir una vida laboral que sea tan divertida, flexible y lucrativa que jamás quieras jubilarte.

¿Será fácil? Claro que no: nada que valga la pena lo es. Pero no es necesario que termines el proceso antes de empezar a ver los beneficios. De hecho, te sentirás mejor tan pronto como des los primeros pasos. Porque esta es la cuestión: el dinero es un producto. Es el resultado de todo el valor que has acumulado, los hábitos que has adoptado y las decisiones que has tomado. Eso significa que es imposible mejorar tu vida financiera sin mejorar tu vida en general. Las acciones que tomes para hacer crecer tu saldo en la cuenta del banco se extenderán a otras áreas de tu vida y harán que mejoren también tus relaciones, tu estado mental e, incluso, tu salud física.

Esta es una declaración muy ambiciosa para un libro que solo tenía la meta de desmentir algunos mitos sobre el dinero. Pero sé que es cierto porque es lo que me ocurrió a mí, y también lo he visto en muchos otros.

El dinero no es algo que nos deba hacer sentir intimidados, ansiosos o culpables. Es una herramienta que podemos aprovechar para vivir la mejor vida que sea posible, y para ayudara quienes queremos a que hagan lo mismo. Como el dinero está relacionado con todas las demás áreas de la vida, progresar en esto enriquecerá tu vida mucho más allá de los números en tu cuenta bancaria. Y como estás lidiando con realidades en lugar de mitos, puedes empezar ahora mismo.

NOTAS

Introducción: Juego nuevo, reglas nuevas

1. https://www.theguardian.com/society/2023/apr/30/british-workers-work-into-70s-cost-of-living.

2. https://www.nbcmiami.com/news/local/working-to-live-past-75-why-our-elders-are-still-working-andnot-retiring/3315404/.

3. https://ec.europa.eu/eurostat/statistics-explained/index.php?title=Ageing_Europe_-_statistics_on_working_and_moving_into_retirement.

4. https://www.imf.org/en/Blogs/Articles/2021/12/15/blog-global-debt-reaches-a-record-226-trillion.

5. https://fred.stlouisfed.org/series/GFDEGDQ188S.

6. https://www.imf.org/en/Blogs/Articles/2021/12/15/blog-global-debt-reaches-a-record-226-trillion.

1. El mito de los ahorros

7. https://www.longtermtrends.net/real-interest-rate/.

8. https://www.bankofengland.co.uk/explainers/will-inflationin-the-uk-keep-rising; https://www.news.com/business/2024/03/05/inflation-in-pe-which-countries-have-thehighest-and-lowest-inflation-rates.

9. https://www.whitehouse.gov/cea/written-materials/2024/07/11/inflation-cools-in-2024q2/.

10. https://fred.stlouisfed.org/series/GFDEBTN.

11. https://fiscaldata.treasury.gov/datasets/average-interest-rates-treasury-securities/average-interest-rates-on-u-s-treasury-securities.

12. https://fiscaldata.treasury.gov/americas-finance-guide/national-debt/.

13. https://fred.stlouisfed.org/series/GFDEBTN.

14. https://www.crfb.org/blogs/interest-rates-surge-near-record-highs.

15. https://www.theguardian.com/business/2022/feb/04/bank-of-england-boss-calls-for-wage-restraint-to-help-control-inflation.

16. https://www.ons.gov.uk/peoplepopulationandcommunity/personalandhouseholdfinances/expenditure/bulletins/familyspendingintheuk/april2022tomarch2023.

17. https://www.bls.gov/news.release/cesan.nr0.htm.

2. El mito de la jubilación anticipada

18. http://news.bbc.co.uk/1/hi/wales/south_east/7311542.stm.

19. https://www.thenorthernecho.co.uk/news/6972649.millionaires-next-door/.

20. https://www.lottery24.com/news/lottery-millionaire-back-to-work.

21. https://www.theguardian.com/money/2005/mar/07/careers.theguardian4.

22. https://sexhealthmoneydeath.com/2016/02/03/fantasy-job/.

23. https://www.sciencedaily.com/releases/2019/10/191029131506.htm.

24. https://www.economist.com/business/2024/01/25/why-you-should-never-retire.

25. https://www.bankrate.com/personal-finance/smart-money/financial-milestones-survey-july-2018/.

26. https://eh.net/encyclopedia/economic-history-of-retirement-in-the-united-states/.

27. https://www.ssa.gov/oact/TR/2011/lr5a4.html.

28. https://www.ons.gov.uk/peoplepopulationandcommunity/birthsdeathsandmarriages/lifeexpectancies/articles/mortalityinenglandandwales/pastandprojectedtrendsinaveragelifespan.

29. https://www.ssa.gov/history/ratios.html#:~:text=Year.

30. https://www.dailymail.co.uk/femail/article-13833971/ms-rachel-miscarriage-songson.html.

31. https://www.youtube.com/watch?v=6xJrJ4-p5Og.

32. https://www.sciencedirect.com/science/article/abs/pii/S0001879108000973.

33. https://www.forbes.com/sites/louiscolumbus/2020/11/14/which-tech-certifications-and-expertise-pay-the-most-this-year/.

34. https://www.pmi.org/learning/library/2020-salary-survey-11883.

35. https://www.journals.uchicago.edu/doi/abs/10.1086/430282?journalCode=jole.

36. https://www.talentsmarteq.com/increasing-your-salary-with-emotional-intelligence/.

37. https://www.bls.gov/oes/2020/may/oes273023.htm.

38. https://www.bls.gov/ooh/media-and-communication/public-relations-specialists.htm.

39. https://money.yahoo.com/job-switchers-are-the-big-winners-202624616.html?guccounter=1.

40. https://www.amazon.co.uk/Steve-Jobs-Exclusive-Walter-Isaacson/dp/034914043X.

41. https://growthinreverse.com/rachel-karten/.

42. https://www.benlcollins.com/about/.

3. El mito de la minimización del riesgo

43. https://pitchbook.com/profiles/limited-partner/170837-92#overview.

44. https://onlinelibrary.wiley.com/doi/abs/10.1111/j.1540-6261.1952.tb01525.x.

45. https://papers.ssrn.com/sol3/papers.cfm?abstract_id=925138.

46. https://papers.ssrn.com/sol3/papers.cfm?abstract_id=925138.

47. Rendimientos históricos calculados con datos históricos de portfoliovisualizer.com.

48. Rendimientos históricos calculados con datos históricos de portfoliovisualizer.com.

49. https://www.goodreads.com/quotes/8220513-a-wealthy-man-is-one-who-earns-100-a-year.

50. https://journals.sagepub.com/doi/10.1177/001872675400700202.

51. https://ink.library.smu.edu.sg/soss_research/3244/.

52. https://arxiv.org/abs/1401.1458.

53. https://www.jstor.org/stable/2937956.

4. El mito de la vivienda propia

54. https://noahkagan.com/investment-thesis/.

55. https://www.youtube.com/watch?v=liRUaQ5hF8&t=595s.

56. https://www.gov.uk/government/statistics/chapters-for-english-housing-survey-2022-to-2023-headline-report/chapter-3-housing-history-and-future-housing.

57. https://www.economist.com/united-states/2023/11/30/is-it-cheaper-to-rent-or-buy-property.

58. https://www.nimblefins.co.uk/savings-accounts/average-household-savings-uk.

59. https://www.federalreserve.gov/publications/files/scf20.pdf.

60. https://www.longtermtrends.net/home-price-vs-inflation/.

61. https://fred.stlouisfed.org/series/MSPUS.

62. https://www.nationwidehousepriceindex.co.uk/resources/f/uk-data-series.

63. https://fred.stlouisfed.org/series/FEDFUNDS.

64. https://www.bankofengland.co.uk/boeapps/database/Bank-Rate.asp.

65. https://www.nationwidehousepriceindex.co.uk/resources/f/uk-data-series.

66. https://blogs.lse.ac.uk/usappblog/2020/03/09/over-150-years-of-data-show-that-trends-in-uk-and-us-house-prices-have-little-in-common/.

5. El mito de los intereses compuestos

67. https://www.nutmeg.com/nutmegonomics/the-extraordinary-power-of-compound-returns.

68. https://www.lcp.com/media/1150069/the-ski-slope-of-doom-is-this-the-most-worrying-chart-inpensions.pdf.

69. https://www.pensionsage.com/pa/Direction-of-pensions-a-slow-motion-car-crash-Webb.php.

70. https://www.retirementlivingstandards.org.uk/details.

71. https://www.nutsaboutmoney.com/pensions/retirement-income-calculator?pension-pot=650000.

72. https://awealthofcommonsense.com/2022/01/how-often-should-you-expect-a-stock-market-correction/.

73. https://www.cnbc.com/2024/05/03/most-of-warren-buffetts-wealth-came-after-age-65-heres-why.html.

74. https://www.forbes.com/sites/andrewrosen/2024/03/21/investment-advice-from-investing-legend-charliemunger/.

75. https://www.fool.co.uk/2016/10/31/the-best-investors-are-dead/.

6. El mito de la diversificación

76. https://www.vanguardinvestor.co.uk/investments/vanguard-lifestrategy-100-equity-fund-accumulation-shares/price-performance.

77. https://www.vanguardinvestor.co.uk/investments/vanguard-lifestrategy-60-equity-fund-accumulation-shares/price-performance.

78. https://uk.finance.yahoo.com/quote/SPY/history/?period1=1640995200&period2=1672444800.

79. https://uk.finance.yahoo.com/quote/%5EFTSE/.

80. https://www.reuters.com/business/global-debt-hits-new-record-high-313-trillion-iif-2024-02-21/.

81. https://money.cnn.com/retirement/guide/investing_bonds.moneymag/index3.htm.

82. https://www.morningstar.co.uk/uk/news/244975/why-have-bonds-been-so-volatile.aspx.

83. https://www.marketwatch.com/story/2022-was-the-biggest-outlier-year-in-markets-history-as-stocks-and-bonds-both-plunged-deutsche-bank-says-11672859958.

84. https://www.morningstar.co.uk/uk/news/244975/why-have-bonds-been-so-volatile.aspx.

85. Rendimientos históricos calculados con datos históricos de portfoliovisualizer.com.

86. https://www.longtermtrends.net/real-estate-gold-ratio/.

87. https://www.forbes.com/advisor/investing/gold-inflation-hedge/.

88. https://bold.report/.

89. https://www.gov.uk/government/publications/a-fairer-private-rented-sector.

90. https://www.bankrate.com/mortgages/investment-property-statistics/.

91. Rendimientos históricos calculados con datos históricos de portfoliovisualizer.com.

7. El mito del «riesgo excesivo»

92. https://trends.google.com/trends/explore?date=today%20 5-y&q=manifesting&hl=en-GB.

93. https://www.amazon.co.uk/Aspirational-Investor-TamingMarkets-Achieve/dp/0062235095.

94. https://journals.sagepub.com/doi/abs/10.1177/0042098019872691?journalCode=usja.

95. https://www.in2013dollars.com/uk/inflation/2003?amount=100.

96. https://uk.finance.yahoo.com/quote/SQ/.

97. https://uk.finance.yahoo.com/quote/0O8X.IL/.

98. https://money.cnn.com/2012/08/20/technology/facebook-peter-thiel/index.html.

Accede a material extra gratuito

¡Enhorabuena por haber terminado el libro! Pero seamos honestos: no basta con leer para cambiar tu vida financiera. El trabajo verdadero empieza ahora.

Para ayudarte a poner estas ideas en práctica, he creado algunos recursos adicionales gratuitos:

- **Cursos en vídeo:** Te guiaré por los conceptos clave del libro y compartiré consejos adicionales para que puedas empezar.
- **Manual digital:** Planea tu camino hacia la libertad financiera con consejos específicos para superar algunos de los obstáculos más frecuentes.
- **Resumen de una sola página:** Todas las ideas esenciales al alcance de la mano, lista para que la imprimas y uses de referencia siempre que la necesites.

¿Estás listo para hacer algunos cambios? Dirígete a robdix.com/myths para pedir tu material extra y te lo enviaré todo directo a tu bandeja de entrada.